GEMEINSAM ENTDECKEN

NATUR-HIGHLIGHT PLITVICER SEEN
Exotische Wasserfälle und Wanderrouten im tollen Nationalpark

WASSERPARKS IN ISTRIEN
Riesenrutschen, Gummiboote oder einfach nur planschen

GOLDENES HORN AUF DER INSEL BRAC
Wahrzeichen von Kroatien: der berühmte Strand in Dalmatien

SCHÖNER REISEN
MIT KINDERN

FAMILIENREISEFÜHRER

KROATIEN

Inhalt

Kroatien

Für Kinder gibt es in Kroatien viel zu entdecken – ab S. 30

4 DIE TOLLSTEN ATTRAKTIONEN FÜR KINDER

5 GUT ZU WISSEN

Unsere Autorin

ANDREA LAMMERT ist Mutter von zwei Kindern und am liebsten in Europa unterwegs. An Kroatien schätzt sie die Mischung aus italienischen Einflüssen, kroatischem Lebensstil und wilder Natur, die sich vor allem auf den kleinen Inseln finden lässt. Gern zieht sie mit dem Rad los – quer durch die Landschaft. Die Autorin und Journalistin schreibt auf ihrem Blog www.indigo-blau.de regelmäßig Reisegeschichten, bevorzugt mit Tipps zu ökologischer Nachhaltigkeit.

Was Sie wissen sollten

Diese Zeichen und Symbole begleiten Sie durch das ganze Buch und geben Ihnen besondere Informationen:

Grün

Infos zur Region oder spezielle Empfehlungen für die Eltern gibt's in den grünen Kästen.

Orange

In den orangefarbenen Kästen stehen tolle Tipps oder Geschichten für Kinder.

Blau

Regionale kulinarische Genüsse oder ein Restaurant, in dem auch Ihre Kinder auf ihre Kosten kommen, finden Sie in den blauen Kästen.

Die Mini-Karte von Kroatien mit dem roten, grünen oder blauen Punkt zeigt Ihnen auf einen Blick, an welchem Ort sich die jeweilige Adresse befindet.

1 KROATIEN FÜR ELTERN UND KINDER

Kroatien entdecken

Wasser! Türkisblau erstrahlt es, klar bis zum Grund kann man Fische schwimmen sehen und manche Boote wirken, als führen sie auf Spiegeln. Ein Fischschwarm hält sich konstant in Sichtweite. Die Kinder recken ihre Hälse, stehen an der Hafenmauer und würden am liebsten nach den Fischen greifen. Faszinierend, jene andere Welt dort unter Wasser. Und es gibt kaum bessere Plätze in Europa, um die Unterwasserwelt zu erforschen, als Kroatien. Das beginnt bei der Wasserqualität. Nur wenige Länder dieser Welt reichen an diese Sauberkeit heran, wie sie an der Adria Standard ist. Und so bleibt das Wasser vielleicht der wichtigste Grund für einen Familienurlaub in Kroatien.

Kroatien in Fakten und Zahlen

REGIERUNGSFORM: Parlamentarische Demokratie
HAUPTSTADT: Zagreb
WÄHRUNG: Lipa u. Kuna (HRK)
SPRACHE: Kroatisch
FLÄCHE: 56.542 Quadratkilometer
KÜSTENLINIE: 6.176 Kilometer
EINWOHNERZAHL: 4.480.050
EU-BEITRITT: 1. Juli 2013
GRENZEN: Slowenien, Ungarn, Serbien, Bosnien und Herzegowina, Montenegro

Ob zum Schnorcheln mit größeren Kindern oder für die ersten Schwimmversuche der ganz Kleinen – das Land ist vielfältig. Es findet sich für jedes Alter und jede Familie das Passende. Ob Wandern, Tauchen, Bootfahren oder Urlaub auf dem Bauernhof – das Land bietet von Istrien bis Dalmatien unerwartet viele Möglichkeiten. Am beliebtesten ist nach wie vor das Camping. Dann sind Kinder wie Eltern schon gleich nach dem Aufwachen dem Wasser ganz nah. Schnell ein Frühstück, am besten mit kroatischem Honig auf dem Brot, und los geht es an den Strand. Dass dieser oftmals nicht ganz feinsandig ist, stört vor allem die älteren Kinder nicht, für die jetzt die Abenteuerzeit mit Schnorchel, Taucherbrille oder Kescher beginnt. Doch Kroatien kann viel mehr als nur schöne Buchten und klares Wasser.

Zwischen Winnetou und Piraten
Zuallererst kann Kroatien Karl May. In manchen Familien sind jedoch eher Mama oder Papa von Old Shatterhand und Winnetou angetan als die Kleinen, die mehr auf moderne Superhelden wie Spider-Man oder Anakin Skywalker stehen. Zwar sind die Geschichten der Karl-May-Bücher nicht hier angesiedelt, dafür fanden aber die Dreharbeiten zu mehreren

Traumhafte Küste Kroatiens

Verfilmungen (etwa „Der Schatz im Silbersee" oder „Winnetou", Teil 1 und 2) an den Plitvicer Seen oder der Zrmanja-Schlucht statt. Old Shatterhand und Winnetou sind nicht durch das Hinterland von Arizona und den Grand Canyon geritten, sondern verbrüderten sich in der Paklenica-Schlucht oder galoppierten durch das Hinterland von Zadar. Die schroffen Felsen und die klaren Bergseen aus dem Nationalpark Plitvicer Seen sind vielen noch im Gedächtnis, und was manch einer für eine filmische Übertreibung gehalten hat, zeigt sich im Farbenspiel tatsächlich so intensiv. Nicht nur deswegen gehört der Nationalpark Plitvicer Seen (s. S. 57) unbedingt auf die Liste der Orte, die Familien in Kroatien gesehen haben sollten. Und wer ganz tief einsteigen will, besucht obendrein noch das Winnetou-Museum in Paklenica (s. Kasten S. 99). Doch so schön das Hinterland Kroatiens auch ist, das Wasser ist eben immer wieder noch schöner. Und so ist es für Familien Pflicht, wieder zum Meer zurückzukehren. Dort müssen die Abenteuer ja nicht nur aufs Schnorcheln reduziert sein. Kinder lieben die Piraten-Events, die dort stattfinden, die U-Boote, die es zu entdecken gilt, oder sie lauschen gebannt den Geschichten von Piraten und Schätzen, wenn sie durch die engen Gassen der Bergdörfer ziehen.

„Das Land bietet von Istrien bis Dalmatien unerwartet viele Möglichkeiten"

Schätze müssen nicht funkeln

Kroatien wartet nicht nur mit Winnetou und Piraten auf, sondern auch mit jeder Menge urbaner Abenteuer. Da wären echte Festungen, in denen übrigens „Die Rote Zora" gedreht wurde, wie etwa in Senj oder Klis. Und dass Schätze nicht immer funkeln müssen, sondern manchmal auch voller Sand sein können und würzig duften, erfahren Familien bei der Trüffelsuche in Istrien (s. S. 39). Überhaupt Istrien – ein Mikrokosmos in der zerklüfteten kroatischen Landkarte. Wie eine Weintraube ragt das Land ins Meer hinein und bietet vor allem für aktive Familien jede Menge Abwechslung. Ob wandern oder Rad fahren, alte Bergdörfer erkunden oder am Strand ein leckeres Eis essen – es ist diese Mischung aus italienischem Flair und kroatischer Bodenständigkeit, die Istriens Charme ausmacht. Auf den Stühlen vor den Häusern sitzen Frauen, weben oder sticken und lassen sich von den Kindern gern über die Schulter schauen. Denn auch das bringt die Nähe zu Italien mit sich – eine ganz eigene Freundlichkeit Kindern gegenüber. Sie werden hier nicht als „niedlich“ degradiert, sondern ernst genommen. Gern führt man sie herum, zeigt oder erklärt den Kleinen Sachen oder hält Bonbons parat. Es gibt viele Wanderwege, die leichte Alternativen für die Kurzbeinigen bieten, und auch die Fahrradtouranbieter sind oftmals gut ausgestattet und können Räder für jedes Alter besorgen. Auf Kinder ist man eben eingestellt im Urlaubsland Kroatien.

Wenn der Jugo kommt
Vielleicht liegt es an der Tradition, dass vor allem viele Süddeutsche gern den „Katzensprung“ über die Alpen auf sich nehmen, die Familie

Kuna – das Geld in Kroatien

Kroatien ist eines der wenigen EU-Länder, in denen man nicht mit Euro bezahlen kann. Wer herkommt, muss Geld tauschen, die Währung vor Ort heißt **KUNA** (HRK). Der Wechselkurs ist seit Jahren beständig und man bekommt für 10 Kuna etwa 1,30 Euro. Oder andersherum: für 1 Euro ca. 7,5 Kuna.
Eine spannende Geschichte für Kinder: Das Geld heißt Kuna, weil es daran erinnert, dass früher die Menschen mit Marderfellen ihre Einkäufe beglichen haben (Kuna = Marder).

Mittelalterliche Städte und natürliche Häfen – das ist Kroatien

einpacken und mal eben ans Meer fahren, Sonnengarantie erhofft. Doch das ist leider nicht immer so, denn wenn die dicken Wolken des Jugo (so nennt man den Südwind) erst mal die kroatische Küste erreicht haben, dann ist es besser, wirklich dichte Regensachen eingepackt zu haben. Es kann einige Tage in Strömen gießen, vor allem in der Vor- und Nachsaison, aber mit dem Klimawandel gibt es heute selbst im Sommer kaum eine Wettergarantie – obwohl es in den Sommerferien meistens schön ist. Dennoch: Schlechtwetteralternativen sind immer ratsam. Auch dafür ist Kroatien bestens gerüstet. Die Schlechtwetterangebote sindvielfältig und reichen von Basteln und Kreativsein bis hin zu Sport und Spaß. Wie wäre es mit einer Runde Reiten in Novi Vinodolski (s. Kasten S. 125) oder einem Ausflug ins Aquarium von Pula (s. S. 91) oder Dubrovnik (s S. 84)? Kleine Kerle zieht es vielleicht eher ins Eisenbahnmuseum in Livade (s. S. 39). Oder gleich mit der ganzen Familie Höhlenforscher spielen in der Tropfsteinhöhle, etwa in Baredine (s. S. 89). Mit etwas Glück wird dort gerade auch das Abseilen und Klettern geübt. Filz-Workshops (s. S. 49) sind ebenso eine gute Idee wie Erlebnisbäder (s. S. 86). Oftmals finden die Kinder dort schnell Freunde, sodass die Eltern für kurze Zeit fast vergessen werden.

Erlebnisse mit Sonnenfaktor

Doch am meisten Spaß macht der Urlaub ja bei schönem Wetter – und falls am Strand doch mal Langeweile aufkommen sollte, dann sicherlich nicht lange, denn über das Land spannt sich

Kids lieben die kroatischen Wasserparks

ein dichtes Netz an Erlebnisstationen, wie sie abwechslungsreicher nicht sein könnten. Wer Natur- und Tiererlebnisse sucht, wird bei der Falknerei vorbeischauen und sich die fliegenden Greifvögel ansehen (s. Kasten S. 45). Eines geht übrigens immer in Kroatien: eine Schiffstour. Ob mit der Fähre zur Insel oder ein klassischer Ausflug – bei keinem anderen Verkehrsmittel kommt so viel Fernweh und Abenteuerlust auf wie auf dem Schiff. Ist die See glatt, bietet sich für Eltern mit größeren Kindern eine Kanutour an – einfach nur auf dem Wasser zur nächsten Bucht gleiten. Und abends sind die Kinder herrlich k. o. – jedenfalls, wenn sie kräftig mitpaddeln mussten. Auch Bananabootfahren macht den Kindern Spaß und wird an Stränden oft angeboten. Ob botanische Gärten (s. S. 28, 41, 90, 97) oder Zipline (s. S. 45, 92), ob still oder lautstarke Action – Kroatien bedient nahezu alle Urlaubswünsche. Und genau das macht ja schließlich die Ferien aus: dass man Erlebnisse hat, möglichst gemeinsam in der Familie. Ob Istrien, Dalmatien oder Kvarner-Bucht – langweilig wird es sicher nie bei einem Familienurlaub in Kroatien.

Die kroatische Küste ist überwiegend von Kiesstränden geprägt

Was Eltern wissen sollten

Kroatiens Wasser ist zwar blau und verlockend, doch die typischen Traumstrände mit Zuckersand finden sich dort eher selten. Die gesamte Küstenlinie ist geprägt von Felsen und oftmals steil abfallenden Uferzonen oder Felsketten, die bis an den Strand ragen. Sandstrände sind oftmals nur künstlich aufgeschüttet und setzen sich nicht bis weit ins Wasser fort. Deswegen sollten Eltern schon bei der Auswahl des Urlaubsziels genau darauf achten, ob es sich für Kleinkinder eignet. Größere Kinder mit guten Schwimmkenntnissen wissen oftmals diese Küste sehr schnell zu schätzen. Zu den schönsten Sandstränden mit flach abfallenden Zonen gehören Ziele wie Medulin (S. 19), Lopar auf der Insel Rab (S. 22) oder Zlatni rat (S. 27) auf der Insel Brač. Doch auch wer jenseits dieser Traumstrände bucht, kann Kroatien mit Kindern wunderbar erobern – man sollte nur wissen, wie. Das fängt schon beim Packen an, denn hier gehören nicht nur Sonnenmilch und Sonnenhut ins Gepäck, sondern auch Strandschuhe. Es gibt Wasserschuhe, die sich wie Socken tragen, aber dennoch dafür sorgen, dass die zarten Füße vor scharfen Kanten oder gar Seeigelstacheln geschützt werden, wenn das Kind auf den Felsen herumklettert.

Pack die Taucherbrille ein!
Wer ältere Kinder hat, die schon gut schwimmen können, darf eines auf gar keinen Fall zu Hause vergessen: die Taucherbrille und den Schnorchel. Es lohnt sich, dafür ein paar Euro mehr auszugeben und auf Qualität zu setzen, statt die günstigen Modelle in den Schnäppchenläden am Urlaubsort zu kaufen. Denn gute Brillen beschlagen nicht so schnell wie die minderer Qualität und garantieren den Kindern einen einwandfreien Blick, wenn sie den Fischen ins Auge schauen. In Sachen Taucherbrille sollten übrigens auch Eltern nicht an

Gepäck sparen und daran denken, sich selbst auszurüsten. Denn gemeinsam mit den Kindern zu schnorcheln und zu staunen ist wunderbar.
In einer Gegend mit vielen Felsen und Fischen lohnt es sich, ein Bestimmungsbuch – oder die passende App – dabeizuhaben, damit man die bohrenden Fragen der Kinder fachgerecht beantworten kann, wie dieser oder jener Fisch nun genau heißt. Nützlich könnte auch ein Sprachlernprogramm mit den Grundzügen der kroatischen Sprache sein. Zwar wird großflächig Englisch und oft auch Deutsch gesprochen, aber in ländlichen Gegenden kann dieser Kommunikationsfaden ganz schnell abreißen.

Wasserqualität

Die kroatische Adria gilt als Gebiet mit hoher Wasserqualität. Dennoch sollten Familien einiges beachten – etwa, dass es ratsam ist, wegen der Steinstrände und eventueller Seeigel Badeschuhe zu tragen. Generell sollte das Baden in der Nähe von großen Städten vermieden werden, da es doch noch vorkommt, dass Abwässer ungeklärt entsorgt werden. Eine Übersicht über ausgezeichnete Strände gibt es auf der Webseite der Blauen Flagge: www.blueflag.org. Achtung! Das Wasser aus dem Wasserhahn ist nicht überall trinkbar. Gerade mit Kindern ist es ratsam, Trinkwasser in Flaschen zu kaufen.

Blaue Flagge
Die besten Strände des Landes sind mit der Blauen Flagge ausgezeichnet. Dies garantiert eine gute Zeit fürs Baden und Im-Meer-Toben. Flattert eine rote Flagge im Wind, weil das Wetter zu stürmisch ist, dann sollten Eltern dies auch ernst nehmen und nicht dem Augenschein nach („Ach, passt schon") urteilen: Stürme und Wellen können mehr Kraft haben, als man denkt, und Strömungen, die sich bei Extremwetterlagen ergeben, sind schon für geübte Schwimmer kein Spaß – erst recht nicht für Kinder.
Im Jahr 2017 wurden an Kroatiens Stränden 99 Blaue Flaggen vergeben. Die Flaggen wehen dort, wo nicht nur die Badewasserqualität geprüft wurde, sondern auch die Sicherheit. Der Strand muss von Rettungsschwimmern überwacht sein, eine organisierte Müll- und Abwasserentsorgung vorweisen können und den Umweltbedingungen der Auszeichnung genügen. Ein Kriterium ist übrigens auch die Barrierefreiheit des Strandes.

Geschützt in die Sonne
Ganz wichtig ist ein guter UV-Schutz, denn die Intensität der Sonnenstrahlung in Kroatien unterscheidet sich erheblich von der mitteleuropäischen. Deswegen sollte Sonnencreme mit mindestens Schutzfaktor 30 ins Gepäck kommen, besser wäre im Sommer sogar Faktor 50. Nicht vergessen sollten Eltern das regelmäßige Nachcremen, auch wenn die Kleinen noch so quengeln. Selbst wenn es bedeckt ist, ist die Gefahr eines Sonnenbrandes groß – auch unter dem Sonnenschirm oder im Schatten. Kleine Kinder sollten im Hochsom-

mer die Mittagshitze im Schatten verbringen und die pralle Sonne meiden. Wenn das nicht so ganz klappt, dann auf jeden Fall mit Sonnenhut und vor UV-Licht schützender Kleidung spielen lassen. Sonnenhut oder Kappe mit Nackenschutz sind sehr praktische Helfer, die viele Quälereien ersparen. Falls es doch einmal zum Sonnenbrand kommen sollte, helfen Hausmittel wie Quark oder Joghurt. Einfach auftragen und einwirken lassen – das kühlt schön und lindert den Schmerz.

Kinderfreundlichkeit vor Ort
Das Lebensgefühl in Kroatien ist – vor allem in der Nähe Italiens – geprägt vom Familiensinn. Kinder sind aus dem Alltag nicht wegzudenken. So ist es in vielen Restaurants und Unterkünften selbstverständlich, dass man auf die kleinen Gäste entweder eingestellt ist oder zumindest auf Nachfrage gern mit Utensilien aushilft. Auch das Netz an ärztlicher Versorgung ist gut – und Eltern mit ganz kleinen Kindern werden ohnehin eher die Nähe von Städten als die Robinson-Inseln suchen.

Alte Steinbänke laden zur Rast ein

„Game of Thrones“ in Kroatien

Kroatien ist nicht nur Kulisse für Karl-May-Verfilmungen, sondern auch für **„GAME OF THRONES“**. Viele Teile der Serie wurden hier gedreht, allen voran die Szenen von „Königsmund“ in **DUBROVNIK** (s. S. 79). Viele Aufnahmen wurden in den drei Festungen Lovrijenac, Minceta, und Bokar gedreht – diese wurden zum „Roten Burgfried“. Die Insel **LOKRUM** (s. S. 28) verwandelt sich im Film in die Königin aller Städte, in „Qarth“. Ab der 4. Staffel wurde auch in der Hafenstadt **SPLIT** (s. S. 74) gefilmt. Der historische Diokletianpalast liegt mitten in der Altstadt, hier wurde am Stadtmuseum die berühmte Szene „Kill the Masters“ umgesetzt. Etwa 14 Kilometer von Split entfernt liegt die mittelalterliche Festung **KLIS**. Rund um die Festung wurde die „Belagerung von Meereen“ gedreht.
ŠIBENIK (s. S. 72) wurde in der 5. Staffel zur Stadt „Braavos“. Hier können Fans „Das Haus von Schwarz und Weiß“ und den „Tempel des Vielgesichtigen Gottes“ entdecken.
Die traumhaften grünen Gärten von „Königsmund“ finden sich im **TRSTENO ARBORETUM** – und natürlich tauchen auch die **KRKA-WASSERFÄLLE** (s. S. 100) in der einen oder anderen Staffel auf.

Ein typisch kroatischer Marktstand

Essen & Trinken

Ćevapčići und Šljivovica (Sliwowitz) – wie herrlich die Begriffe bei der Aussprache auf der Zunge zischen, so typisch kroatisch. So schön die Begriffe auch klingen, die Kulinarik des Landes nur mit diesen beiden Spezialitäten abzutun, würde ihr nicht gerecht. Denn die kroatische Küche ist facettenreich wie das Land, mit vielen Gesichtern und kulturellen Einflüssen. Kulinarisch gesehen ist Kroatien ein Zusammenschluss vieler kleiner Staaten, die alle ihre Eigenarten haben. Die Österreicher brachten Strudel und Mehlspeisen ins Land, die Italiener die Pasta, die Türken die reichen Vorspeisen wie gefüllte Weinblätter. Die Griechen wiesen die Kroaten in die Kunst des Weinmachens ein und die Ungarn hinterließen ihre Gulaschrezepte.

Der Reichtum der Vielfalt

Noch heute sind die verschiedenen Einflüsse deutlich spürbar. So ist Istrien ganz klar italienisch geprägt. Es gilt übrigens als Paradies für Feinschmecker – kein Wunder, denn die Natur ist üppig und schenkt den Menschen einmalige Schätze, von wildem Spargel über weiße Trüffel bis zu wunderbar saftigen Oliven. Es gibt hausgemachte Nudelsorten wie die bekannten Fuži und Pljukanci sowie einen Schnaps aus Honig, der sich Medica nennt. In Istrien gehören Kräuter unbedingt an ein Gericht, wie auch Knoblauch und Olivenöl. Salbei, Lavendel, Rosmarin, Lorbeer und Thymian wachsen hier überall wild und kommen gern in den Topf.

Der Schinken wird wie der italienische hergestellt, luftgetrocknet und hauchdünn geschnitten – beim kroatischen Eigennamen dafür, Pršut (s. S. 63), hört man noch das italienische Prosciutto heraus. Auch der Käse ist speziell, er wird aus Schafs- oder Ziegenmilch gemacht und reift zu einer ganz besonderen Würze heran. Am bekanntesten ist der Käse der Insel Pag (Paški Sir, s. auch Kasten S. 67), er erhält seine Würze durch den Salzgehalt der Wiesen. Wenn der kalte Ostwind (Bora) einen Wetterumschwung bringt, schlägt sich das Salz auf den Wiesen nieder und überzieht die Kräuter mit einer feinen Salzkruste. Dieses Salz schmeckt man in der Milch und eben auch im Käse – im Lammfleisch sowieso.

Istrien mit italienischen Einflüssen
Bekannteste Gerichte Istriens sind Miesmuscheln und Meeresfrüchte in würziger Soße (Buzara-Art). In den Konobe (s. Kasten rechts) drehen sich Spanferkel oder Lämmer über dem Feuer. Fleisch ist in Istrien kein Sonntagsvergnügen wie in anderen Teilen des Landes, sondern fester Bestandteil des alltäglichen Speiseplans.
Vor allem in dörflichen und abgelegenen Gaststätten haben es Vegetarier heute noch immer schwer, da man schlichtweg nicht auf sie eingestellt ist – erst recht nicht auf Veganer. Und dabei gibt es so leckere Gnocchi-, Polenta- und Pastagerichte.
Ganz typisch für die istrische Küche ist das Garverfahren unter der Peka, einer Eisenglocke, die für besondere Geschmackserlebnisse bei Fleisch und Gemüse sorgt.

Kroatische Spezialität: Schwein am Spieß

Was ist eine Konoba?

Überall an der Adriaküste findet man die urigen Konobe, typisch istrische Restaurants. Das Wort Konoba leitet sich vom kroatischen Wort für „Keller“ ab. Früher wurden verderbliche Lebensmittel in Kellern gelagert. Diese Vorratskeller waren ein beliebter Treffpunkt für die ganze Familien, schließlich gab es dort reichlich Wurst, Schinken und selbstgebrannten Sliwowitz. Heute ist „Konoba“ ein Begriff für kleine, familiengeführte Lokale, die überwiegend landestypische Hausmannskost anbieten.

Österreichisch-ungarisch inspiriert
Während in Istrien und der Kvarner-Bucht gern Oktopus oder Scampi serviert werden, sieht es in den Töpfen des Hinterlandes komplett anders aus: Immer wieder kommen die Einflüsse aus Ungarn und Österreich durch. Dort isst man gern Palatschinken, kocht Fischgulasch mit süßen und scharfen Paprika. Auch die Jahreszeiten sind deutlich zu schmecken: Gemüse der Saison gibt es häufig, nicht nur Kartoffeln oder Kohl kommen auf den Tisch. Je kontinentaler Kroatien wird, desto öfter greifen Hausfrauen und Profiköche zu Fleisch und Süßwasserfischen, Wild kommt ebenso auf den Teller wie Gänse und gepökeltes Schweinefleisch. Die Küche ist schwerer, man merkt ihr die bäuerliche Tradition der Menschen an, die einst im harten

Winter ganz eigene Konservierungsmethoden erfinden mussten. Hier reift nicht das Sauerkraut, sondern auch das Schweinefleisch im Fass, und Geflügel findet sich eingelegt in Aspik. Bekannt sind auch die kleinen Nudeln, die Mlinci, die wie ein flaches Fladenbrot gebacken werden und erst kurz vor dem Servieren mit heißem Wasser oder Bratensoße übergossen zu Nudeln quellen.

Kroatischer Eintopf: Peka

Die Küche Dalmatiens

Während das Binnenland sich bäuerlich zeigt, ist Dalmatiens Rezeptbuch geprägt von Meeresfrüchten und Fisch. Die Menschen dort lieben es simpel – und sie lieben ihre Fischsuppe. Der Fang des Tages, gedünstet mit Olivenöl, Knoblauch, Sellerie, Petersilie, und Reis wird zu einer feinen Spezialität, die den Vergleich mit der Bouillabaisse nicht zu scheuen braucht. Die Brudet, ein Fischeintopf, ist aus dem Alltag nicht wegzudenken. Fisch muss aber nicht unbedingt in die Suppe, am liebsten mag man ihn in Dalmatien sanft gegart. Er wird gedünstet oder gegrillt, aber bitte möglichst ohne viel Schnickschnack, nur mit Olivenöl, Knoblauch und einigen Kräutern. Dazu dann italienisch inspirierte Rezepte wie etwa Palenta, die nicht zufällig wie die italienische Polenta klingt, oder auch Risotto mit von Tintenfischtinte schwarz gefärbtem Reis. Sardellen und Fisch sind in Dalmatien Alltagsspeise. Fleisch war früher selten, denn Rinder wurden in dieser Gegend nicht gezüchtet. Wer einen Sonntagsbraten zubereiten wollte, musste planen und das Fleisch schon lange im Voraus bestellen. Kein Wunder also, dass es auch besonders geadelt wurde.
So wird Rindfleisch bis heute für die Pasticada einige Tage in Rotwein, Essig und Kräutern mariniert, bevor es geschmort wird und mit seinem einzigartigen Duft die Räume erfüllt.

Der erste Stern des Landes

Den ersten Stern für Kroatien hat der Kroate Danijel Dado mit seinem **RESTAURANT MONTE** errungen. Er ist Autodidakt und sprüht vor Begeisterung für sein Tun und vor Ideen. Auf den Tisch kommen feine Kompositionen aus Meeresfrüchten, Spezialitäten an Rauchbutter, Algenschaum oder Scampischwänze stehen auf der Karte. Die Preise sind dem Niveau angemessen gehoben.
Ul. Montalbano 75, 52210 Rovinj, Tel. +385 52 83 02 03, www.monte.hr. Mo-Fr 18.30-22, Sa/So 12-14 und 18.30-22 Uhr, Okt-März geschlossen.

Feinste Süßigkeiten

Zum Essen gehört auch immer ein süßer Abschluss – und den lieben die Kroaten sehr. Sie haben eine ganz eigene Kultur der Süßspeisen erschaffen, die einem Dessertteller gleicht, für den man das Beste herausgepickt hat: Eis von den Italienern, die saftigsten Feigen aus dem eigenen Land, Krafne (Krapfen) von den Österreichern oder die Kekse Paprenjaci, die eine typische Köstlichkeit des Landes sind. Besonders in den ländlichen Gegenden wird das Brot noch im Steinofen selbst gebacken – und das schmeckt man auch.

In guter Begleitung

Die kroatischen Weine sind oft rot, auf den Inseln und im Binnenland kommen aber auch vermehrt Weißweine vor. Unbedingt probieren sollten Reisende den Süßwein Žlahtina. Eigenständige Sorten sind zudem Pošip und Grk. Die Auswahl ist also groß, wenn Urlauber in Kroatien essen gehen – und die Küche zu vielfältig, um täglich Kinder-Klassiker wie Pizza, Nudel- und Pommes-Gerichte zu verzehren. Es lohnt sich, nach einer Konoba (s. Kasten S. 14) Ausschau zu halten und darauf zu vertrauen, dass noch nach alten Familientraditionen gekocht wird. Eine Regel sollten Urlauber aber beherzigen: An der Küste lieber zu Fisch greifen – er hat hier oft höhere Qualität als die Fleischgerichte.

Die Sache mit dem Kaffeesatz

Kroatischer Kaffee hat seine eigene Zubereitungsweise, die der griechischen oder türkischen ähnelt: Das Pulver wird in einer speziellen Kanne mit einem guten Teil Zucker und heißem Wasser ungefiltert erhitzt, bis es einmal aufwallt. Nun wird der Kaffee in kleinen Tässchen serviert – samt Satz. Letzterer ist heute noch für einige Menschen wichtig, denn sie lassen sich von der Schwiegermutter oder Freundin aus dem Kaffeesatz lesen. Kein Witz, sondern eine Tradition, die bis heute zu beobachten ist, wenn kleine Tassen mit einem Ruck umgedreht und kopfüber auf die Untertasse gestülpt werden. Dann heißt es warten, bis der Satz sich löst. Und wehe, die Tasse bleibt an der Untertasse kleben …
Ob Aberglaube oder nicht, viele Kroaten glauben bis heute daran.

Leckeres Gebäck: Paprenjaci

2

KINDERFREUNDLICHE STRÄNDE

Novigrad

Fast noch zu den Geheimtipps in Kroatien zählt der romantische Fischerort Novigrad, der bislang vom Massentourismus so gut wie verschont geblieben ist. Die Küste rund um den schönen Ort mit seiner Stadtmauer und Altstadt gliedert sich in traumhafte Buchten, davon einige mit seichten Stränden. Zu den schönsten gehören die **STRÄNDE KARPINJAN** und **LANTERNA**. Die Dichte der Blauen Flaggen ist in Novigrad sehr hoch. Der Strand **KARPINJAN** erstreckt sich wie eine helle Sichel gegenüber der Marina der Stadt.

ANFAHRT: *Der Stadtstrand Karpinjan ist am besten über die Ulica Josipa Broza Tita anzusteuern. Der Strand Lanterna befindet sich gegenüber der Stadt – dazu muss man einmal mit dem Auto die Mirna-Mündung kreuzen, in Richtung Antenal und später weiter in Richtung Lanterna.*

Strände um Umag

Im Norden der istrischen Halbinsel, ganz in der Nähe der Grenze zu Slowenien, liegt **UMAG**. Die Stadt ist erste Anlaufstelle für Istrien-Urlauber und ein Stopp lohnt nicht nur wegen des mittelalterlichen Stadtkerns. Das Meer ist verlockend, die Strände für Familien ideal. Sie fallen flach ab und bieten ausreichend Platz für nicht ganz so schwimmsichere Kinder. Am bekanntesten ist der Strand **KATORO**, der sich in Altstadtnähe befindet. Für Familien gut geeignet ist ebenso der Strand **KANEGRA**, er liegt etwa 8 Kilometer nördlich von Umag.

Geschützt in einer Bucht liegt der Strand von Karpinjan

Medulin: Sandstrand Bijeca

Flacher Sandstrand mit höchster Badequalität, und das mehr als einen Kilometer lang – so etwas müssen Urlauber in Kroatien lange suchen. Mit der **PLAŽA BIJECA MEDULIN** finden sie den perfekten Strand in der Nähe von Pula. Kleine vorgelagerte Inseln fungieren als Wellenbrecher und sorgen für flaches, sanftes Wasser. An manchen Stellen ist das Meer so flach, dass der Boden als Sandbank aus dem Meer ragt. Familien können sich hier Sonnenschirme und Liegen leihen. Wer es naturnäher möchte und rechtzeitig vor Ort ist, erwischt möglicherweise noch einen Schattenplatz unter einer Kiefer. Pizza- und Eisstände gibt es hier ebenso wie einen Spielplatz im Wasser, der aus aufgeblasenen Spielgeräten besteht. Größere können das Windsurfen ausprobieren oder Kajaks mit ihren Eltern mieten. Kleine Kinder lieben die Tretboottouren oder einfach nur das Buddeln – also: Förmchen und Eimer nicht vergessen. Am Ende des Strands lockt eine große Wasserrutsche. Wenn das keine Garantie für Spaß und Kurzweile ist! Der Strand ist leicht zu finden und sehr sauber. Direkt angeschlossen ist, wie häufig in Kroatien, ein großer Campingplatz (Arena Medulin Campsite).

Medulin punktet mit langen Stränden

ANFAHRT: *Das Autocamp Medulin ist ausgeschildert und führt in Richtung Strand. Adresse fürs Navi: Osipovica, Medulin. Fußgänger nehmen den Weg am Hafenbecken rechts und gehen dann am Wasser entlang. Gleich hinter dem Strand befindet sich ein großer Parkplatz, wie immer gilt: Rechtzeitig kommen – vor allem in der Hauptsaison.*

Schmausen in Pula

Pizza geht immer – und bei der **PIZZERIA JUPITER** stimmen Preis, Leistung und Freundlichkeit. *Ulica Castropola 42, 52100 Pula, Tel. +385 52 21 43 33.* Landestypischer essen Familien in der **KONOBA BOCCAPORTA** – die Peka ist sehr zu empfehlen. *Ulica Dolinka 18, 52100 Pula, Tel. +385 52 50 62 66, www.konoba-boccaporta.com.* Gut schmeckt es auch in der **KONOBA ISTRIANA** in Pomer. Sie gehört zu den besten des Landes und die Fischpfanne ist über die Stadtgrenzen hinaus berühmt. *Pomer 331, 52100 Pula Tel. +385 959 04 40 04, www.konoba-istriana.com.*

Kap Kamenjak

Weiter Horizont, glatt gewaschene Felsen und kleine Buchten, die sich aneinanderreihen: Die Südspitze der istrischen Halbinsel lockt nicht nur mit versteckten Stränden, auch Dinofans kommen hier voll auf ihre Kosten. Denn die Riesenechsen haben in der Kreidezeit vor 100 Millionen Jahren ihre Spuren hinterlassen: Die typischen 3-Zehen-Fährten sind heute im versteinerten Fels zu finden. In der Nähe der westlichen Einfahrt zum Naturpark des Kaps startet ein 600 Meter langer **DINOPFAD** – für Kinder eine wunderbare Abwechslung zu Meer und Strand. Am Kap selbst finden sich Felsen- und Kiesstrand. 30 Buchten gibt es zu entdecken, an einigen, wie etwa an der großen Bucht von **VELIKA KOLOMBARICA,** lassen sich sogar Klippenspringer beobachten. Familien wählen eher Buchten wie **UVALA ŠKARA**, in denen der Kiesstrand einigermaßen sanft abfällt. Auch die Bucht **MALA KOLOMBARICA** ist eher ruhiger und seichter.

Kap Kamenjak ist ein Naturpark

Safari-Bar Kamenjak

Eine Bar wie von einem anderen Kontinent. Afrika? Asien? Wer auf den Bambusmöbeln der **SAFARI-BAR** sitzt, taucht in eine andere Welt ein: Konstruktionen mit Maisstängeln spenden Schatten, zwischen Schilfrohr sind Schaukeln angebracht, die Gäste sitzen auf Holzklötzen und selbst gebauten Möbeln und genießen knackig frische Sardinen – ein echter Platz zum Chillen für die ganze Familie. *52100 Premantura, am Strand Mala Kolombarica, Tel. +385 916 27 84 65. Tägl. 9-22 Uhr, in der Nebensaison wetterabhängig.*

Besser Abstand nehmen sollten Familien von der Bucht Uvala Dražica, dort gibt es viele Seeigel, und in Velike Kršine kann die Strömung gefährlich werden. Aber mit den Buchten wie **UVALA NJIVE** oder **PINIŽULE** finden sich genügend Plätzchen, an denen Familien sorglos planschen können.

ANFAHRT: *Kap Kamenjak ist gut mit dem Auto anzusteuern, die Strände sind zu Fuß zu erreichen. Der Dinopfad startet bei Pinižule (Adresse fürs Navi: Selo 120, Premantura). Der Richtung Premantura sollten Autofahrer auch folgen, wenn sie an die Strände wollen. Der Weg wird bald zur Schotterpiste und führt bis an die Spitze des Kaps.*

Auf Krk sind die Strände eher steinig

Krk: Baška und Vela Luka

Seit fast 20 Jahren ist der Strand **BAŠKA** durchgehend mit der Blauen Flagge ausgezeichnet worden. Er ist ein typischer Kiesstrand mit sandigen Elementen. Der Kies variiert von grob bis ganz fein, je nachdem an welcher Stelle des 1.800 Meter langen Strands man sich gerade befindet. Fallwind Bora und das Meer haben die Kieselsteine hier sehr fein poliert und zu angenehmen Fußschmeichlern geformt. Tretboote gehören selbstverständlich zur Ausstattung wie auch ein Beachvolleyballfeld, Bananaboot-Angebote, Hüpfburgen und Spielgeräte. Duschen, Toiletten und Umkleidekabinen sind vorhanden, ebenso ein Team von Rettungsschwimmern. Eisdielen und Restaurants haben sich auf der Rückseite des Strandes angesiedelt, sodass Familien hier gut einen ganzen Tag verbringen können, ohne dass es ihnen an etwas fehlt. Wer in der Hauptsaison kommt, sollte sich schon früh ein Plätzchen sichern, denn Busse bringen Reisende von anderen Orten an diesen Strand, weil er zu den beliebtesten des Landes zählt. Ein Campingplatz befindet sich ebenfalls in der Nähe. Neben Baška zählt **VELA LUKA** zu den schönsten Stränden der Insel Krk, er ist aber nur auf einem 6 Kilometer langen Marsch oder per Taxiboot von Baška aus erreichbar – aber der Weg lohnt sich.

ANREISE: *Wer der Hauptstraße des Ortes in Richtung Baška folgt, erreicht automatisch den Strand. Parkmöglichkeiten sind vor allem in der Hauptsaison rar.*
Vela Luka erreicht man am besten von Baška aus mit dem Taxiboot.

Beliebtes Opatija

OPATIJA gehört zu den beliebten Zielen in Kroatien. Für Familien besonders empfehlenswert ist dort der Strand **ICICI**, vor allem wenn sie Action mögen.
Ob Fahrten im Glasbodenboot oder Kletterwand und Spielgeräte für die Jüngsten – hier findet jeder seine Attraktion.
Die Erwachsenen genießen derweil das freie WLAN. Den begrenzten Platz am Strand macht der Ort mit seinem reichen Angebot wieder wett.

Strände auf Rab

Auf Rab (s. S. 52) gibt es schöne Sandstrände – der beliebteste ist wohl der **RAJSKA PLAŽA**, auch bekannt als Paradiesstrand **SAN MARINO**. Er fällt flach ab und zieht sich etwa 1,5 Kilometer an der Adriaküste entlang. Dass er dabei kein unbekanntes Reiseziel ist, sollte jedem Besucher klar sein – im Sommer wimmelt es von Sonnenanbetern. Das hat aber auch den Vorteil, dass er von Rettungsschwimmern gesichert ist und zudem eine gute Infrastruktur mit Sanitäranlagen bietet. Trampolin und Volleyballfelder gehören zur Ausstattung des Strandes. Obwohl es hier ziemlich belebt ist, lohnt sich ein Abstecher, da der Strand feinsandig und flach abfallend ist. Am Ufer spenden Pinienbäume Schatten, Bars und Cafés versorgen kleine wie große Besucher mit leckeren Limonaden und den obligatorischen Pommes.

Einer der wenigen Sandstrände Kroatiens

Pag: Insel der Strände

Die Insel **PAG** (s. S. 64) wirkt auf den ersten Blick karg und trocken. Doch wer Strände mag, wird diese Insel lieben, denn hier finden sich viele Buchten mit Sand oder feinem Kies, die für Familien genau richtig sind. Beliebt ist der Strand **TRINCEL**. Er hat feinen Sand und bietet seichtes Wasser sowie Duschen und Spielplätze. Auch die anderen Strände rund um den Ort **NOVALJA** (s. S. 67) punkten mit Sand und flach abfallendem Wasser.

Rund um Lopar gibt es noch 21 weitere Sandstrände, dazu gehört auch der benachbarte Sandstrand Livačina. Schön für Tierbesitzer: Hier sind Hunde erlaubt.
Etwas weiter entfernt, vor den Toren von Rab-Stadt, liegt das Sandparadies Banjol. Wie an einer Perlenkette reiht sich hier ein Traumstrand an den nächsten, verbunden durch eine wunderschöne Küstenpromenade.

ANREISE: *Über Lopar, immer in Richtung San Marino, die Straße führt geradeaus direkt an den Strand.* **GUT ZU WISSEN:** *Einige der Sandstrände sind FKK-Zonen wie etwa der Sahara-Strand. Daher sollte man sich vorab in den umliegenden Restaurants, Bars oder Campingplätzen informieren, wie dies am jeweiligen Wunschstrand geregelt ist.*

Strandschuhe sind an vielen Stellen der Cikat-Bucht empfehlenswert

Lošinj: Cikat-Bucht

Umgeben von Pinienwäldern zeigt sich die **CIKAT-BUCHT** auf Lošinj. Sie war einst Ausgangspunkt für den Tourismus auf der Insel und ist heute noch eine beliebte Anlaufstelle bei Familien mit Kindern. Perfekt sind vor allem die kleinen Nebenarme, in denen das Meer herrlich ruhig ist und die Kinder herumtoben können, ohne von großen Wellen überrascht zu werden. Sandstrände sind in dieser Gegend eher Mangelware, dementsprechend zeigen sich viele Betonliegeflächen oder Felsen. Doch zwischendrin gibt es auch immer wieder Kieselstrand – am Hotel Bellevue sogar Sandstrand. Bananaboote locken die Kleinen ebenso für den Geschwindigkeitsspaß auf dem Wasser wie Ruderboote. Zudem gibt es eine Surfschule, in der sportliche Schulkinder ihre ersten Balanceversuche starten können. Am Sandstrand des Hotels Bellevue gibt es darüber hinaus noch Tischtennis und Volleyball. Im Pinienwald versteckt sich so manches Restaurant, und wer nicht auf dem Kies liegen möchte, macht es sich auf Liegen oder den Betonplattformen bequem. Falls das noch immer nicht reicht: Nur wenige Gehminuten entfernt liegt der **CIKAT-WASSERPARK** (s. Kasten S. 106) mit seinen Rutschen und Spaßbecken – dort ist auf jeden Fall Action und Abkühlung garantiert. Falls dieser Strand zu voll sein sollte, lohnt es sich, die Nachbarstrände anzuschauen. Insgesamt gliedert sich die Bucht in drei Strandabschnitte: der nördlichste ist der feinste, lohnenswert ist auch die Bucht **VELI ŽAL** oder die Sonnenbucht **UVALA**.

ANFAHRT: *Adresse fürs Navi: Čikat ul. Am besten erreicht man den Strand, wenn man den Schildern zum Autocamp Čikat folgt, dort finden sich überall kostenpflichtige Parkplätze.*

Strand Zaton

Das gestrandete Holz-Piratenboot liegt im Sand, als wären gerade die Seeräuber schiffbrüchig geworden. Schnell in den Ausguck stürmen und schauen, wo sie denn sein könnten … Die Spielgeräte am Strand von **ZATON** regen die Fantasie an. Der gesamte Strand ist ein wirkliches Paradies für Kinder. Er befindet sich nördlich von Zadar und zählt zu den schönsten Familienstränden Dalmatiens. Und er ist nicht nur mit der Blauen Flagge ausgezeichnet, sondern vereint viele Vorzüge, die Familien zu schätzen wissen. Auch finden lässt er sich leicht, denn er liegt bei der Ferienanlage Zaton Holiday Resort und kostet für Besucher, die nicht in der Anlage Ferien machen, Eintritt (50/20 HRK). Doch die Investition lohnt sich, denn der Strand ist bestens ausgestattet und sogar barrierefrei. Das freut nicht nur Rollifahrer, sondern auch Eltern mit Buggys und Kinderwagen. Der Strand selbst fällt sehr flach ab und ist ideal für Familien. Das Wasser erwärmt sich schon im Frühjahr schneller als anderswo und die Kinder baden hier geschützt vor großen Wellen. Insgesamt misst der Strand 1.500 Meter und er ist nicht nur zum Planschen ideal. Es gibt einige Spielplätze rund um den Strand, sogar Spielgeräte im Wasser. Zudem bietet er viele Aktivitäten wie etwa Wasservolleyball, Bananaboot, Tauchen oder Parasailing – perfekt also, wenn man mit älteren Kindern verreist. Auch die Strände in den Nebenorten lohnen sich, wie etwa Nin und Privlaka.

Der Kiesstrand in Zaton

ANFAHRT: *Der Strand Zaton ist erreichbar über die Anfahrt zum Hotel, einfach der Beschilderung zum Zaton Holiday Resort folgen. Oder aber per Navi Richtung Dražnikova ul. 76T, 23232 Zaton.*

Mir-See und Dugi Otok

Baden muss nicht immer im Meer sein, auch in Seen kann es viel Spaß machen. Etwas Besonderes bietet der Mir-See. Der Salzsee befindet sich 9 Kilometer südwestlich von Sali auf der Insel Dugi Otok (s. Kasten S. 73). Die Insel ist mit der Fähre von Zadar aus erreichbar. Von dort geht es weiter mit dem Mietwagen oder dem Taxi zum Salzsee.

G&V LINE IADERA, *Poljana Natka Nodila 7, 23000 Zadar, Tel. +385 23 25 07 33, www.gv-zadar.com. 40 HRK für die einfache Überfahrt.*

Zadar: Sandstrand Kraljicina

Die Stadt **NIN** verfügt über einen Reichtum besonderer Art: Hier finden sich sandige Buchten, eigentlich eine Seltenheit in Kroatien. Vor allem auch der als Königinnen-Strand bekannte Abschnitt **KRALJICINA** erstreckt sich über 3 Kilometer an der Küste, feinsandig und perfekt zum Burgenbauen. Drei Restaurants sorgen für Verpflegung jenseits der Kühltaschen. Duschen, Umkleidekabinen und Rettungsschwimmer sowie Sonnenschirm- und Liegestuhlverleih lassen es an nichts fehlen. Ganz in der Nähe befindet sich die Bucht **PELOID** mit einem Sand, der als Heilschlamm bekannt ist. Manche Reisende sind von oben bis unten mit dem dunklen Matsch eingerieben – sehr motivierend für Kinder, es ihnen gleichzutun. Seinen Namen hat der Königinnen-Strand übrigens von der Gattin des ersten kroatischen Königs Tomislav. Sie mochte den Strand sehr und verbrachte viele Stunden an diesem Ort, sodass der König diesen Platz schließlich nach seiner Frau benennen ließ.

Im Sand spielen am Königinnen-Strand in Nin

ANREISE: *Nin liegt in der Nähe von Zadar und ist von dort aus am besten zu erreichen. In Nin ist der Strand gut ausgeschildert: Zunächst den Wegweisern nach Sabunike folgen, später ist dann auch der Strand Kraljičina ausgeschildert.*

Strand Zadar

Etwa 4 Kilometer vom Stadtzentrum entfernt befindet sich der **STRAND BORIK**. Er gehört zum Falkensteiner Resort (s. Kasten S. 111) und zeichnet sich vor allem durch sein großes Angebot an Attraktionen und Animationen für Familien aus. Rutschen und Schwimmbecken sorgen für Spaß. Ob Tretboot, Wasserreifen oder Spielplatz mit Trampolin – vor allem kleinen Gästen wird viel geboten. Umkleidekabinen, Duschen, Rettungsschwimmer und Blaue Flagge sind natürlich selbstverständlich.

Šibenik: Banj

Ein feiner Strand mit Blick auf eine postkartenschöne kroatische Altstadt – dieses Alleinstellungsmerkmal ist wohl dem Strand **BANJ** von Šibenik vorbehalten. Immerhin ist sogar eine echte Kathedrale in Sichtweite. Dabei ist der Strand, wie so viele Sandstrände in Kroatien, kein natürlicher, sondern er wurde 2012 aufgeschüttet, um die Region für Touristen attraktiver zu machen. Aufschüttungen bergen immer auch das Risiko, dass das Meer den Sand im Laufe der Zeit „abknabbert" und den Strand einfach verschlingt. Das Meer ist an dieser Stelle nicht so klar wie an anderen Stellen, denn es ist hier nicht offen, sondern wird von zwei vorgelagerten Landzungen bestimmt, die von der Mündung des Kanals Sv. Anton geteilt werden. Dafür ist die Bucht gut geschützt und offeriert eine Menge Attraktionen wie Sport, Festivals und Animationen. Zudem ist die schöne Innenstadt nicht weit. Für Familien der perfekte Platz, um sich nach einem anstrengenden Stadtbummel noch einmal zu erfrischen, bevor es wieder in die Ferienwohnung oder ins Zelt geht.

ANFAHRT: *Navi in Richtung Prilaz tvornici, vom Stadtzentrum aus in Richtung Norden halten, auf der Hauptstraße im Ort Richtung Meterize fahren, der Strand ist ausgeschildert.*

Speisen mit schöner Aussicht

Am Strand Banj liegt das Restaurant **PETRUS** mit Blick auf die wunderschöne Altstadt Šibeniks. Nach einem langen Strandtag kann man hier auf der Terrasse bei leckerem Essen den Sonnenuntergang vor spektakulärer Kulisse genießen. Eltern freuen sich über frischen Fisch und guten Kaffee, die Kinder bevorzugen Burger und Pizza. Das Personal ist ausgesprochen freundlich – Kinder sind willkommen. *Prilaz tvornici 35, 22000 Šibenik, Tel. +385 958 63 72 36.*

Die Strände von Šibenik liegen nah der Altstadt

Brac: Zlatni rat

Gäbe es ein Strand-Wahrzeichen für Kroatien, wäre es wohl das Goldene Horn, wie **ZLATNI RAT** übersetzt heißt. Wie eine weiße Pfeilspitze ragt sein Kiesstrand, auf einer waldreichen Landzunge gelegen, ins türkisgrüne Wasser. Das Besondere an diesem Strand ist, dass er wandert. Das heißt: Wenn man ihn einmal aus der Luft fotografiert, kann es sein, dass man einige Tage später eine völlig andere Komposition vorfindet, weil sich die Strömung geändert hat und die Kieselsteine einfach mitwandern. Bis zu 500 Meter weit läuft der Strand an dieser Stelle sanft ins Meer, ideal für Kinder und Familien. Viele Fotos, die den Strand zeigen, lassen angesichts des knallweißen Bodens einen feinen Sandstrand erhoffen – dem ist aber nicht so, es ist und bleibt ein Kiesstrand.

Da Zlatni rat als Wahrzeichen des Landes bekannt ist, ist der Strand vor allem in der Hauptsaison sehr voll. Er befindet sich westlich der Ortschaft Bol. Im dahinter liegenden Kiefernwald finden sich Schattenplätze und Bistros. Wer es edler mag, geht zum Essen zurück in den Ort Bol. Liegen und Sonnenschirme werden in Zlatni rat vermietet. Wer nicht auf die deutschen Schulferien angewiesen ist, sollte außerhalb der Saison kommen, am besten im September.

Das Goldene Horn ist das Wahrzeichen von Bol

ANREISE: *Erreichbar ist Zlatni rat über einen Fußweg von der Ortschaft Bol. Die einfache Strecke dauert 20 Minuten. Kinder lieben die kleine Strandbahn, die Hafen und Goldenes Horn verbindet.*

Strände in Split

Nicht nur ein Besuch der Stadt lohnt sich (s. Tour 9, S. 74), sondern auch ein Abstecher zu den schönen Stränden. Nahe der Altstadt, in der Bucht vor Kašuni, liegt der Kiesstrand **KAŠTELET**. Am Strand gibt es mehrere Cafés und eine Snack-Bar. Sandstrand finden Urlauber am Strand von **BACVICE**, der in der Nähe des Fährhafens liegt. Dort wird häufig die typisch kroatische Ballsportart Picigin im Wasser gespielt (s. Kasten S. 28).

Dubrovnik: Lokrum

Dubrovnik (s. S. 79) ist eher als Städteziel als für Badeausflüge bekannt. Dennoch gibt es hier Möglichkeiten, sich im Meer zu erfrischen. Bekanntester Strand der Stadt ist **BANJE**. Er liegt direkt an den alten Stadtmauern der Altstadt, gilt als Partystrand und zieht Prominente aus der ganzen Welt an. Attraktiver für Familien ist der flach abfallende Sandstrand mit dem berühmten Namen **COPACABANA** im Stadtteil Babin Kuk. Allerdings ist es hier oft sehr voll. Wer also etwas mehr Ruhe und Abenteuer sucht, setzt sich am besten ins Boot und steuert die **INSEL LOKRUM** an. Die nur 1.600 Meter lange und 500 Meter breite Insel ist eine komplett andere Welt – Lokrum steht unter dem Schutz der UNESCO. Hier sind nicht nur die Strände ein wahres Vergnügen, sondern vor allem der flache Salzsee **MRTVO MORE** (im Süden der Insel) bietet mit wohligen Wassertemperaturen eine wunderschöne Alternative zum Planschen.

Picigin

Die Kroaten haben einen ganz besonderen Nationalsport, den sie gern im Wasser spielen: **PICIGIN** ist als eigene Sportart in Split entstanden. Es ist, vereinfacht gesagt, eine Mischung aus Wasserball und Volleyball. 1908 brachten drei Studenten dieses Spiel von einer Prag-Reise mit und probierten es am Strand von Bačvice aus. Das Wasser aber war viel zu flach für Wasserball, also passten sie die Sportart kurzerhand den Gegebenheiten vor Ort an. Wer Picigin spielt, steht heute bis zu den Knöcheln im flachen Gewässer und spielt den Ball mit der flachen Hand seinen Mitspielern zu. Das Besondere daran ist, dass diese Sportart kein Wettkampf gegeneinander ist, sondern das Team versucht, den Ball so lange wie möglich in der Luft zu halten. Bis heute ist der Strand von Bačvice ein beliebter Ort für diesen Sport, der inzwischen aber überall in Kroatien gespielt wird.

Lokrum – von Dubrovnik aus gesehen

Im Restaurant des Benediktinerklosters kann man sich stärken und im botanischen Garten flanieren.

ANREISE: *Vom Altstadthafen Dubrovniks aus fahren regelmäßig Pendelboote auf die Insel Lokrum, in der Hauptsaison sogar alle 30 Minuten. Die Überfahrt dauert ca. 15 Minuten und kostet einfach 40 HRK pro Person.*

3 ZEHN TOUREN, DIE ALLEN SPASS MACHEN

Tour 1: Istriens Westen – von Porec nach Pula

POREC • VRSAR • ZLATNI RT • ROVINJ • PALUD • VODNJAN • PULA

WO: *An der istrischen Westküste* – **WIE:** *Mit dem Auto* – **DAUER:** *Zweitagestour* – **NICHT VERGESSEN:** *Sonnencreme, bequeme Schuhe, Badesachen*

Gibt es eine Gemeinde in Kroatien, die sich rühmen kann, die meisten Blauen Flaggen für beste Wasserqualität vorzuweisen, dann wohl **POREC**. Sehr beliebt ist der Strand **BORIK** vor allem bei Familien wegen seiner guten Infrastruktur, aber auch der **DONJI SPADICI** trägt die Blaue Flagge. Wer viel baden möchte, ist hier genau richtig. Doch nur um am Strand zu liegen, dazu wäre die Zeit in Poreč zu schade. Denn es gibt viel zu sehen in dem Hafenort, dessen Altstadt wie ein Horn ins Meer ragt.

Altstadt von Poreč

Die **EUPHRASIUS-BASILIKA** *[Eufrazijeva ul., 52440 Poreč]* ist das beherrschende Gebäude der Stadt. Sie wurde im 6. Jahrhundert errichtet und zählt zu den frühesten Sakralbauten in ganz Kroatien. Mit ihren byzantinischen und spätantiken Einflüssen ist sie ein wichtiges Zeugnis der Bauweise jener Zeit. Sehenswert sind nicht nur die Bodenmosaike, sondern auch der reich mit Fresken verzierte Innenraum der Kirche, der Kinder an manche Gebäude aus dem Märchen erinnert.

Die italienisch geprägte Architektur von Porec

Rumbrausen in Porec

Spannende Gokart-Fahrten, bei denen die kleinen und großen Piloten so richtig Gas geben können, das bietet das **MOTODROM POREC.** Hier finden sich verschiedene Strecken, auf denen die gummigepufferten Flitzer über die Piste sausen. Wer sich aber noch nicht selbst ans Steuer setzen möchte, steigt zu Mama oder Papa ins Dreier-Gokart und braust los. *Bašarinka 5, 52440 Poreč, Tel. +385 52 45 61 00, www.istra-kart.com. Tägl. 10-17 Uhr. 60-160 HRK pro Std. Auch Crosskart, Quad und Segway.*

Als Weltkulturerbe zieht die Basilika mit ihren zugehörigen Bauten wie zum Beispiel dem Bischofspalast viele Besucher an. Nicht minder sehenswert ist die **STADTMAUER** aus dem 12. Jahrhundert, von der Reste noch gut erhalten sind, etwa drei Türme. Einer davon ist sogar fünfeckig, mit einem Restaurant in der oberen Etage. Kinder erfreuen sich eher an den Geschäften in der Haupteinkaufsgasse **DECUMANUS**, die die Stadt von Osten nach Westen durchzieht und von hübschen italienischen Palazzi und Tempeln gesäumt wird. Noch immer nicht genug Kultur? Dann auf zur ehemaligen gotischen Franziskanerkirche aus dem 12. Jahrhundert. In ihr residierte lange Zeit der Landtag – heute ist sie ein **MUSEUM**, in dem unter anderem schöne Fresken zu sehen sind *[Matka Laginje 6, 52440 Poreč, Tel. +385 52 43 15 85, www.muzej porec.hr. Besichtigung nur im Rahmen einer geführten Tour möglich]*. Familien, die mehr Zeit mitgebracht haben und sich nicht gleich ins Auto setzen wollen, besuchen noch das **MOTODROM** (s. Kasten l.) oder das **ERLEBNISBAD AQUACOLORS** (s. S. 87), bevor es weiter in Richtung Süden über Funtana nach Vrsar geht. In Funtana lockt der **DINOPARK** (s. S. 88) und lohnt einen längeren Stopp.

Skulpturen und Steine

Unser Weg führt anschließend weiter nach **VRSAR** *[Touristeninformation, Trg Degrassi 1, 52450 Vrsar, Tel. +385 52 44 13 39]*, der Bildhauerstadt Kroatiens. Dass sich diese Kunst hier so etabliert hat, liegt an den nahen Steinbrüchen. Bis heute ist das einstige Fischerstädtchen von dieser Tradition gepragt, was man unter anderem in dem etwas außerhalb gelegenen **SKULPTURENPARK** an der Straße nach Funtana sehen kann. Am Steinbruch Montrakter nahe der Stadt finden jedes Jahr im September Bildhauer-Workshops statt. Die Werke der Künstler sind mittlerweile in der ganzen Stadt verteilt – auf der Promenade, auf Campingplätzen und in den Parks. Während die Eltern die Skulpturen bewundern, staunen die Kinder über die Festungsmauern und die Tore, mit denen Vrsar einst gesichert war und über die sich die Altstadt heute terrassenförmig erhebt. Wer sich mehr für Technik und das Fliegen begeistert, geht in den **AEROPARK VRSAR** *[Stancija Crljenka 1, 52450 Vrsar, Tel. +385 98 23 36 76. Kernöffnungszeit 10-19 Uhr]*. Dort lassen sich nicht nur Panoramaflüge über die Landschaft buchen, sondern man kann auch eine Ausstellung von Flugzeugen bestaunen und auf der Terrasse eine Brause trinken. Ein spannender Stopp, gerade mit kleinen Kindern, denen Vergnügungsparks oft zu anstrengend sind. Doch auch die Stadt selbst lohnt einen Besuch. Schließlich war sie einst Sommerresidenz der Bischöfe von Poreč, und davon zeugen noch heute einige Gebäude, die man bei einem schönen Stadtbummel erkundet – am besten mit einem Eis in der Hand.

Über den großen Fjord

Nach dem Stopp in Vrsar geht es weiter entlang des Limski-Kanals, über den es leider keine Brücke gibt. Vielleicht ist das auch gut so, denn damit bleibt die einmalige Landschaft unberührt. Wer mit seinen Kindern wandern will, ist hier genau richtig, ansonsten lässt sich der Lim-Fjord, wie dieser Kanal auch genannt wird, auch per Bootsfahrt erkunden, zum Beispiel von **ROVINJ** aus. Die alte Stadt ist das nächste Ziel unserer Route entlang der kroatischen Westküste. Hier zeigt sich Kroatien wie aus dem Bilderbuch – die Siedlung erhebt sich auf einem Hügel, der als Landzunge ins Meer ragt. Postkartenschönes Panorama, das auch den Kindern im Gedächtnis bleiben wird. Die **LONE-BUCHT** ist etwas Besonderes, nicht nur wegen der Strände. Spannend ist an dieser Gegend, die fußläufig vom Zentrum Rovinjs entfernt liegt, der sehenswerte Bestand von Bäumen, für die das Gebiet **ZLATNI RT** berühmt ist. (Das Gebiet ist übrigens nicht mit dem fast gleich lautenden Goldenen Horn von Brač zu verwechseln.) Zlatni rt bei Rovinj ist ein idealer Platz für Familien, die auf der Suche nach Sonne, nach Schatten und Waldluft sind. Hier hat der Unternehmer Georg Hütterott 1890 einen Park mit exotischen Pflanzen anlegen lassen, der damals wohl

Die Ruinen der Geisterstadt Dvigrad

Geisterstadt Dvigrad

Hier lohnt sich ein Stopp, denn im Naturschutzgebiet um den Limski-Kanal liegt eine echte Geisterstadt. Vom einst stolzen **DVIGRAD** stehen heute nur noch Mauern und Ruinen. Wie eine Filmkulisse tauchen sie plötzlich aus dem dichten Grün der Wälder auf. Die Stadt war im Mittelalter ein blühendes und bedeutendes Handelszentrum in der Region. Seit dem 17. Jahrhundert stehen die Gebäude leer. Die Geisterstadt liegt etwas abseits der Route und ist am besten von Kanfanar aus erreichbar. Fußweg: ca. 3 Kilometer.

Häuser direkt am Wasser gibt es nicht nur in Rovinj

einmalig für die Gegend war.
Der Park sollte die Grundlage für einen reichen Stadtteil des neu entstehenden Kurortes werden und viele Touristen anlocken. Doch der Geldgeber verstarb, bevor er seine Pläne gänzlich umsetzen konnte. Geblieben ist heute ein großes Stück Natur inmitten der trubeligen Stadt, das Jogger, Radfahrer, aber auch Kletterer anlockt. Sie erklimmen Wände des alten Steinbruchs. Kinder versuchen sich an der Kletterwand oder erkunden den Park entlang der Pfade, gehen über kleine Brücken oder machen mit ihren Eltern ein Picknick im Schatten der alten Bäume.

Verzaubert von Rovinj

Rovinj, das größte Ferienzentrum Kroatiens, bietet viele Attraktionen für Familien. Dass die Insel bis zum Jahr 1763 nur eine Halbinsel war, ahnt heute kaum noch ein Gast, der sich durch die Gassen der Altstadt treiben lässt. Die blaue Perle der Adria, wie die Stadt auch genannt wird, ist damals zwangsweise mit dem Land zusammengewachsen. Denn den Kroaten war es lästig, immer mit dem Schiff zu fahren und so wurde die Meerenge kurzerhand zugeschüttet.
Die Innenstadt von Rovinj erreicht man am besten durch die **PORTA BALBI**, einem venezianischen Stadttor von 1680, das mit seinen beiden Löwen ganz deutlich an die Zeit der Venezianer in Kroatien erinnert, die hier mehr als 500 Jahre herrschten. Wer seine Kinder beim Stadtbummel beschäftigen will, lässt sie die zahlreichen Löwen suchen und zählen.
In Rovinj ist bis heute der italienische Einfluss zu spüren. Wie in fast allen Städten an der Westküste der istrischen Halbinsel ist ein großer Teil der Bevölkerung italienischstämmig – und das macht sich auch beim leckeren Eis bemerkbar, das an vielen Stellen der Stadt zu haben ist. Also auf durch die engen, verschlungenen Gassen mit den bunten Häusern! Über den Dächern, so scheint es, thront die **EUPHEMIA-KIRCHE** mit ihrem Glockenturm, der eine Replik eines venezianischen Campanile sein soll. Die schmalen Gassen mit den kleinen Häusern sind ein Paradies für alle, die gern bummeln – von

Kunsthandwerk bis zu Souvenirs und Feinkost gibt es fast alles zu kaufen, was das Herz des Reisenden begehrt. Eine Straße, die die Stadt außen am Meer erschließt, gibt es nicht – die Häuser stehen direkt am Ufer. Ein Stopp im kleinen **BATANA-MUSEUM** lohnt sich, es klärt über die Tradition des Fischfangs auf *[Obala P. Budicina 2, 52210 Rovinj, Tel. +385 52 81 25 93, www.batana.org. Juni-Sep tägl. 10-14 u. 19-23, sonst Di-So 10-13 u. 16-18 Uhr. Erw. 10 HRK, Schüler 5 HRK]*.

Auf nach Pula

Wer genug gesehen hat, macht sich auf nach Pula, der letzten Station an der Westküste. Vorbei geht es an dem Vogelschutzgebiet **PALUD** (s. Kasten r.) in Richtung Vodnjan. Kurz vor dem Ort gibt es einen kleinen Park mit runden Häusern. Es handelt sich um Kažuni, in Trockensteinbauweise errichtete Häuser, die Hirten früher als Unterschlupf nutzten. Weiter geht's

Auf Vogelsafari mit Fernglas und Wanderschuhen

8 Kilometer südlich von Rovinj liegt eine kleine Wildnis, das Vogelschutzgebiet **PALUD**. Auf der ca. 20 Hektar großen Fläche fühlen sich Vögel besonders wohl, deswegen ist dieses Gebiet zur Schutzzone geworden.
Vor allem die Wasserralle ist hier ein bekannter Bewohner.
Der Eintritt ist frei.
Wer mehr sehen will, bucht am besten eine geführte zweistündige Tour – Ferngläser inklusive. *Buchung über Natura Histrica, Riva 8, 52100 Pula, Tel. +385 52 35 15 20, www.natura-histrica.hr. Erw. 50 HRK, Kinder unter 15 Jahren 40 HRK.*

Sehr malerisch: der Marktplatz von Pula

in die Innenstadt von **VODNJAN**. Aus der Altstadt ragt der 60 Meter hohe Kirchturm der **ST.-BLASIUS-BASILIKA** als Wahrzeichen. In der mittelalterlich geprägten Stadt führen schmale Gassen an Adelspalästen und schönen Plätzen

Kažuni, traditionelle istrische Steinhütte

entlang. Ein besonderer Schatz ist im **MUSEUM VON ST. BLASIUS** *[Župna crkva sv. Blaža, Svetoga Roka 4, 52215 Vodnjan, Tel. +385 52 51 14 20, www.zupavodnjan.com. März-Mai Mo-Sa 9.30-17, So 12-17, Juni-Sep Mo-Sa 9.30-13 u. 14.30-18.30, So 12-18.30 Uhr. Erw. 75 HRK, Kinder 25 HRK]* ausgestellt: die Mumien von Heiligen, bestens konserviert. Eltern mit kleineren Kindern sollten das Museum meiden, schon so manches Kind bekam davon Albträume. Größere hingegen finden es schaurig-faszinierend.

Unsere Tour führt weiter nach **PULA**, einer Stadt, der man nachsagt, sie sei ganz Kroatien in einem. Das große **AMPHITHEATER** *[Tel. +385 52 21 90 28, www.ami-pula.hr, Erw. 50 HRK, Kinder 25. 9-17 Uhr, April bis 20 Uhr, Mai/Juni und Sept. bis 21 Uhr, Juli/Aug. bis 24 Uhr, Oktober bis 19 Uhr.]* ist ein Muss bei der Besichtigung, ebenso der **TRIUMPHBOGEN** *[Flanatička ul. 2, 52100 Pula]* und das **KASTELL** *[Gradinski uspon 10, 52100 Pula]*.

Bei Regen kann man die Schildkröten im Aquariums besuchen (s. S. 91). Und wer bis zur Dunkelheit bleibt, sollte unbedingt die bunt angeleuchteten Kräne der Werft Uljanik anschauen – ein Lichtkunstwerk, das Kreativität und Träume weckt.

Safaripark auf Veliki Brijun

Elefanten und Zebras in freier Wildbahn sind im **SAFARIPARK** von **VELIKI BRIJUN** zu sehen. Die Hauptinsel des Archipels ist ein beliebtes Ausflugsziel. Im nördlichen Teil des Eilands lockt der Safaripark kleine wie große Besucher. Auf 9 Hektar tummeln sich Indische Elefanten, ebenso wurden hier Antilopen, Lamas und indische Rinder angesiedelt. Viele waren Geschenke von Repräsentanten anderer Länder, als sie auf Staatsbesuch in Kroatien waren, denn der ehemalige Präsident Tito hatte auf der Insel eine Privatresidenz und war für seine Tierliebe bekannt. Heute hat man sich auf der Insel auf Pflanzenfresser spezialisiert, die hier friedlich miteinander leben. Ein Bummelzug bringt die Besucher vom Hafen zum Reservat. Die Insel ist von Fažana aus per Boot erreichbar. *www.np-brijuni.hr. Abfahrt der Schiffe von Fažana 9, 11.30, 13.30 u. 15.30 Uhr. Erw. 125-210 HRK, Kinder (4-14 J.) 50-105 HRK, Preise saisonabhängig (inkl. Bummelzug u. Museen).*

Tour 2: Sport und Romantik in Istriens Osten

RABAC • LABIN • BUJE • PARENZANA • GROŽNJAN • ZAVRŠJE • LIVADE • ANTONCI • MOTOVUN • PAZIN • OPATIJA

WO: *Hinterland von Istrien* – **WIE:** *Mit dem Auto und dem Rad (für sportliche Kinder ab 8 Jahren)* – **DAUER:** *1 bis 2 Tage (dann mit Übernachtung in Livade), inklusive Radtour* – **NICHT VERGESSEN:** *Stirnlampe, Wasserflasche, kleine Snacks, Fahrräder, Radhelme und Radausrüstung*

Istriens Hinterland hat viel zu bieten: Künstlerstädte, Trüffel und eine alte Eisenbahnstrecke, auf der man gut Rad fahren kann – die Parenzana. Diese Tour startet in **RABAC**. Das kleine Hafenstädtchen ist mit seiner Promenade und den kleinen Felsbuchten auf jeden Fall einen Besuch wert. Der beliebteste Strand hier ist der **LANTERNA-STRAND**, an dem man Tretboote und Liegen mieten kann, ebenso am Strand **MASLINICA** (unterhalb des Campingplatzes Olivia). Soll es vor dem Ausflug noch ins Meer gehen, sei der Kiesstrand **ST. ANDREA** beim Hotel Miramar empfohlen. Genug gesehen, die Promenade am Hafen ausgiebig untersucht und in den kleinen Souvenirshops gestöbert? Dann auf zum nächsten Ziel. Die Altstadt im nahe gelegenen **LABIN** ist sehenswert, nicht nur wegen des Panoramablicks auf die Bucht, sondern vor allem aufgrund ihrer engen, steilen Gassen und der bunt verputzten Häuser, die eine italienische Atmosphäre ausstrahlen und von alten Zeiten erzählen. Es duftet aus manchen Geschäften nach kroatischem Gebäck und auf den alten Festungsmauern lässt es sich prima herumbalancieren. Von dort aus geht es weiter nach Buje.

Viele Häuser in Labin liegen am Hang

Umsteigen aufs Rad

Der kleine Ort Buje liegt eine gute Autostunde von Labin entfernt. Doch die Fahrt lohnt sich, es geht durch das kroatische Hinterland mit Weinanbaugebieten und bewirtschafteten Feldern. **BUJE** ist ein idealer Startpunkt, um eine Radtour zu beginnen. Wer kein eigenes Rad dabeihat, kann sich eines leihen. Viele Anbieter organisieren nicht nur Transfers, sondern auch die Abholung der Räder, wie

Pittoresk: die alten gepflasterten Gassen in Buje

zum Beispiel **CYCLE CROATIA** *[www.cyclecroatia.com]*. Es empfiehlt sich, einen Radtransfer von Livade, dem Ziel der Radtour, zurück nach Buje zu buchen, sodass man die Strecke nur einfach fährt und sich mitsamt des Rades später von Livade abholen und nach Buje zurückfahren lässt.

Die alte Parenzana

In Schrittgeschwindigkeit fuhr die alte Schmalspurbahn von Poreč nach Triest. Die Landschaft, die sie passierte, führte durch Wälder, bergige Regionen und über Flüsse. Da die Strecke sehr steil ist, konnte die Bahn nicht schnell fahren – was damals viele Menschen dazu reizte, einfach auf den Zug aufzuspringen und ein Stück als blinder Passagier mitzufahren. Für die 120 Kilometer brauchte der Zug fast 7 Stunden.

Da die Landschaft hügelig ist, kann es sich lohnen, ein E-Bike auszuleihen – dann ist die Strecke nicht so fordernd. Auf jeden Fall sollten die Räder geländetauglich sein. Weil die Tour durch einige unbeleuchtete Tunnel geht, sollten auch Stirnleuchten eingepackt werden.
In Buje trifft man sich am mit dem Fahrradverleih vereinbarten Ort oder startet selbst nach einem kleinen Rundgang durch das Dorf am ethnografischen Museum mit der Radtour. Von dort aus auf der Flavia ul. immer geradeaus fahren bis zu einem Kreisel, dort die zweite Ausfahrt nehmen und die Stadt verlassen. Sobald kleine Wälder und Wiesen zu sehen sind, aufpassen, es dauert nicht lange und das Schild **PARENZANA** wird sichtbar. Das ist die alte Eisenbahnstrecke der Schmalspurbahn zwischen Poreč und Triest, die inzwischen stillgelegt und zur Radstrecke umfunktioniert wurde. Dabei geht es durch Wälder, über alte Steinbrücken und dunkle Tunnel bis nach Grožnjan. Auf der Strecke sind etwa 100 Höhenmeter zu überwinden.

Schön ist es, wenn es bergab geht auf der Parenzana

Lassen Sie sich lieber Zeit auf der Route, anstatt zielgerichtet durchzuradeln. Kleine Pausen halten zum einen die Kinder bei Laune, die den Weg dann nicht als so lang empfinden, und zum anderen schont es die Muskeln. Mountainbiker lieben diesen Trail – deswegen ein wenig Vorsicht walten lassen, da sie manchmal wie aus dem Nichts auftauchen und vorbeirasen.

In die Künstlerstadt

Über Kies, Brücken, Viadukte und durch Tunnel geht es nach **GROŽNJAN**. Dort lässt man die Räder am besten kurz hinter dem Stadttor an der Stadtmauer stehen und schließt sie an, denn in den steilen Kopfsteingassen kann man ohnehin nicht gut Rad fahren oder gar schieben. Zudem lässt sich die besondere Atmosphäre am besten zu Fuß erspüren.
Grožnjan war vor einigen Jahren noch komplett ausgestorben und wurde erst wiederbelebt, als sich die Kroaten überlegten, dass sie dort Künstlern eine Chance geben wollten, sich niederzulassen und günstig zu wohnen. So entstand eine Win-win-Situation: Die Künstler haben die zum Teil verfallenen Häuser wieder instand gesetzt – seitdem erlebt das Dorf eine regelrechte Blüte, denn es ist ein beliebtes Touristenziel. Die kleinen Gassen sind voller Ateliers, Läden mit Kunsthandwerk und Kunst wie Bildern, Skulpturen, aber auch Selbstgenähtem, Schmuck oder Glaskunst. Es lohnt sich, umherzuschlendern oder einfach im kleinen **CAFÉ VERO** *[s. Kasten u.]* einen Kakao zu trinken und die wunderbare Aussicht auf die istrischen Berge zu genießen. Das Dorf verfügt sogar über einen kleinen Spielplatz, er befindet sich in der Nähe des Friedhofs. Mit Kindern gehört Eisessen auf jeden Fall mit auf den Plan in Grožnjan, bevor es weiter in Richtung Livade geht.

Essen mit Weitblick

Eines der schönsten Restaurants während der Radtour auf der Parenzana ist das **CAFÉ VERO** – jedenfalls wenn man den Panoramafaktor mit einbezieht, denn von der großen Terrasse aus schaut man übers ganze Land.
Corner 3, Grožnjan,
Tel. +385 52 77 60 26.
Wer sich die Trüffel nicht entgehen lassen will, pausiert im Restaurant des Trüffelhändlers **ZIGANTE** (s. S. 39).

Eisenbahnmuseum in Livade

Familien, die mehr über die Eisenbahn erfahren möchten, besuchen das kleine **EISENBAHN-MUSEUM** von Livade, das über die Parenzana informiert. Es gibt viele Dokumente und Fotos der einstigen Strecke, aber auch Modelle und eine große Landkarte zu besichtigen. Die Modellsammlung stammt aus Privatbesitz und gehört zu den schönsten des Landes.
52427 Livade, Tel. +385 52 64 41 50, www.parenzana.net/de/museen. Do-Sa 16-19, So 10-12 Uhr. Erw. 20 HRK, Kinder 10 HRK.

Wer konditionell schwächelt, kehrt einfach um, fährt zurück nach Buje und macht sich von dort aus mit dem Auto auf den Weg nach Livade. Der schönste Teil der Parenzana aber befindet sich zwischen Grožnjan und Livade. Es lohnt sich also, mit dem Rad weiter auf der Strecke zu bleiben. Dazu fährt man einfach wieder zurück an die Stelle, an der man die Parenzana verlassen hat, und folgt der weiteren Streckenführung nach **ZAVRŠJE**, das malerisch auf einem Hügel liegt und leider – wie Grožnjan einst – fast eine Geisterstadt ist, weil die jungen Menschen in die Städte flüchten. Schleckermäulchen sollten einen Stopp bei Familie **MIANI** *[Hausnummer 51]* einlegen und ein Glas feinsten Honig einkaufen – dort wird auch Deutsch gesprochen.

Ins Tal sausen

Vor dem Bahnhof von **ANTONCI**, dem nächsten Ziel, gibt es einen kleinen Rastplatz, von dem aus sich ein herrlicher Blick über die Landschaft bietet, durch die sich der Fluss Mirna schlängelt, bis hin zum Örtchen Motovun. Nun ist es ratsam, die Stirnlampe immer auf dem Kopf zu tragen, denn die Tunnel kommen manchmal sehr unvermittelt und darin kann es stockdunkel sein. Vor allem im Tunnel Freski ist es ratsam abzusteigen, denn er ist 145 Meter lang und sehr schlecht beleuchtet. Von dort aus einfach der Streckenführung der Parenzana folgen, bis man in **LIVADE** angekommen ist. Die größte Attraktion des Ortes ist der **TRÜFFELHÄNDLER ZIGANTE** *[Livade 7, 52427 Livade, Tel. +385 52 66 43 02, www.zigantetartufi.com. Tägl. 12-22 Uhr]*. Hier ist die Radtour zu Ende. Familien, die für diese Tour 2 Tage mit Übernachtung in Livade eingeplant haben, können hier nicht nur ins Hotel gehen, sondern sich zudem in den Thermalbädern **ISTARSKE TOPLICE** *[Sv. Stjepana 60, 52427 Livade, Tel. +385 52 60 30 00, www.istarske-toplice.hr. Di-So 9-21 Uhr, Mo ab 14 Uhr. Erw. 40 HRK, Kinder 20 HRK, Familien 80 HRK]* wunderbar entspannen.
Am nächsten Tag heißt es dann umsteigen aufs Auto und weiter nach **MOTOVUN**. Zwei Stadtmauern umschließen diesen Ort, der auf einem 280 Meter hohen Hügel thront. Ein Geflecht von labyrinthartigen Gassen führt zu dem Hauptplatz Trg Andrea Antico, der von Stadtpalästen und hübschen Häusern gesäumt ist. Auch die Kirche mit ihrem frei stehenden Glockenturm ist dort zu besichtigen.

Weiter durch die Natur

Von Motovun führt die Tour über Karojba nach **PAZIN** *[Touristeninformation, Franine i Jurine 14, 52000 Pazin, Tel. +385 52 62 24 60, www.tzpazin.hr]*. Was auf den ersten Blick so unspektakulär wirkt, ist die besterhaltene Burg des Landes. Das Kastell gehört ebenso zu den Sehenswürdigkeiten von Pazin wie die Wasserfälle (s. „Attraktionen", S. 92). Haben sich Kinder und Erwachsene in Pazin genug umgesehen, machen sie sich weiter auf den Weg nach Opatija. Auf der Strecke liegt noch der **NATURPARK UCKA** *[Liganj 42, 51415 Lovran, , Tel. +385 51 29 37 53, www.pp-ucka.hr]*, der sich für einen längeren Stopp anbietet. Im Park befinden sich die Orte Brest pod Učkom, Brgudac, Lovranska Draga, Mala Učka und Vela Učka. An allen Eingängen zum Park und auf den Wander- und Trekkingwegen sind Wegweiser und Informationstafeln angebracht. Ausgangspunkt für eine kleine Tour mit Kindern ist zum Beispiel das Dörfchen **BRGUDAC**, bei dem sich viele gar nicht vorstellen können, wie man in einem Ort mit nur 12 Einwohnern leben kann.

Von dort aus bietet sich auch eine Wanderung zur Korita-Quelle an (45 Minuten pro Strecke). Von der Quelle aus hat man eine zauberhafte Aussicht auf das Učka-Massiv. Ein Ausflug in diese Bergwelt ist vor allem im Sommer schön, wenn es an der Küste voll ist und die Familie auch mal etwas anderes als Strand und Wasser sehen möchte.

Nach der Erkundung des Naturparks steht nun wieder die Adria auf dem Programm.

Die schönsten Strände bei Opatija

Haben die Kinder diese Tour gemeistert, möchten sie garantiert ans Wasser. Die seichten Strände sind nicht immer leicht zu finden, obwohl es eine große Auswahl rund um den Ort gibt. Beliebt sind zum Beispiel die Strände von **SLATINA** (vom Park Angiolina aus zu erreichen) oder **MOSCENICKA DRAGA** – dementsprechend voll sind beide aber in der Hauptsaison. Beliebt ist auch der Strand von **ICICI** mit Spielplatz (s. Kasten S. 21). Auch der Strand **LIPOVICA** ist einen Abstecher wert und möglicherweise etwas leerer.

Blick auf das Bergdorf Pazin

Hübsche Hafenstadt

Wer noch nicht genug gesehen hat, für den lohnt ein Stopp in **RIJEKA**, der Stadt mit dem wichtigsten Hafen des Landes. Die Stadt wurde benannt nach einer Kirche und einem Kastell am Fluss Rječina im jetzigen Stadtteil Trsat und bedeutet im Kroatischen „Fluss". Vom Hafen laufen die Fähren nach Rab, Dubrovnik oder Split aus. Neben den Stränden Ploče, Glavanovo oder dem Stadtstrand in der Kostanj-Bucht bietet es sich vor allem an, die Stadt zu erkunden. Wie wäre es mit einem Bummel entlang der Fußgängerzone auf der Straße Korzo? Dort gibt es viele kleine Läden und schicke Boutiquen, aber auch Bistros und Cafés, in denen Familien den kleinen Hunger stillen können. Auch der Marktplatz mit seiner Fischhalle lohnt einen Abstecher. Kultureller wird's in der barocken Kathedrale des Heiligen Veit. Nicht nur wegen ihres Holzkruzifixes, das Wunder gewirkt haben soll – auch Kanzeln, Altar und Fenster sind sehenswert. Etwas außerhalb befindet sich die Festung von Trsat – ein schönes Ziel für Kinder, die in die Welt von Ritter und Burgfräulein eintauchen möchten. *Touristeninformation, Korzo 14, 51000 Rijeka, Tel. +385 51 33 58 82, www.visitrijeka.eu.*

Am Strand Moscenicka Draga in Opatija

OPATIJA *[Touristeninformation, Maršala Tita 128, 51410 Opatija, www.visitopatija.com, Tel. +385 51 27 13 10]* ist der Endpunkt unserer Tour. Hier ist das Flanieren auf der rund 12 Kilometer langen Seepromenade Lungomare auf jeden Fall ein Muss: Auf der einen Seite das frische Blau der Adria, auf der anderen zeugen viele Villen und edle Gärten von der Zeit, als sich der Ort vor 160 Jahren als Sommerrefugium für Wohlhabende etablierte. Der Stadtpark sowie der botanische Garten sind herrlich duftende grüne Stopps, ebenso die Villa Angiolina, die nicht nur über einen schönen Park verfügt, sondern auch über ein **TOURISMUSMUSEUM** *[Park Angiolina 1, 51410 Opatija, Tel. +385 51 27 17 10. Nov-März 10-18, April-Juni, Sep/Okt 10-20, Juli/Aug 10-22 Uhr. Erw. 10 HRK, Kinder (ab 7 J.) 7 HRK, Familienkarte 30 HRK]*. Nach dem Spaziergang toben sich die Kinder am Stadtstrand **SLATINA** aus (s. Kasten S. 40) oder die ganze Familie stärkt sich in den direkt am Strand gelegenen Eisdielen und Restaurants.

Tour 3: Zwischen Strand, Nervenkitzel und Heilschlamm

DOBRINJ • MALINSKA • KRK-STADT • PUNAT • VRBNIK • BAŠKA

WO: *Auf der Insel Krk* – **WIE:** *Mit dem Auto* – **DAUER:** *Zweitagestour* – **NICHT VERGESSEN:** *Sonnencreme, Wasserschuhe, Taucherbrille, Sportschuhe, Wasser zum Trinken*

Die Tour nach **KRK** *[Touristeninformation, Trg sv. Kvirina 1, 51500 Krk, Tel. +385 51 22 13 59, www.krk.hr]* startet für Autofahrer ganz einfach, denn im Gegensatz zu vielen anderen kroatischen Inseln ist Krk mit einer Brücke mit dem Festland verbunden und lässt sich so gut erreichen. Von hier aus führt die Straße direkt zur 25 Kilometer entfernt gelegenen Krk-Stadt. Wer will, macht vorher noch einen Abstecher zu den kleinen Dörfern auf der Strecke.

Heilschlamm in der Bucht von Soline

Eine Straße verbindet die beiden Orte Čižići und Soline, direkt nebenan befindet sich ein ganz besonderes Stück Strand. Ein langer Betonweg führt zu den Stellen am Ufer, in denen sich der Heilschlamm in natürlichen Pools sammelt, die aussehen wie Vulkankrater. Höchstens hüfttief sind sie perfekt für alle Kinder, die den mineralsalzhaltigen Schlamm lieben. Er soll zudem auch eine Heilwirkung haben, vor allem bei Gelenkschmerzen und Knochenerkrankungen. Wenn die Kinder gern matschen, sind sie dort richtig, denn sie können Mama oder Papa von oben bis unten mit Schlamm einreiben. Anschließend an der Strandbrause abduschen oder ins Meer gehen, das hier seicht abfällt und wie eine große Badewanne ist.

Unterirdisch schön

Noch fast Geheimtipp-Charakter auf Krk hat das Örtchen **DOBRINJ**, das im alten Ortskern übrigens autofrei ist. Etwa eine Viertelstunde Autofahrt von Dobrinj entfernt befindet sich Rudine mit der Biserujka-Höhle. Ganz in der Nähe des Ortes liegt diese sagenhafte Höhle, in der einst ein echter Piratenschatz gelegen haben soll. Man vermutete hier eine Vielzahl kostbarer Perlen, daher auch der Name des Ortes (Biser = Perle). Die **HÖHLE BISERUJKA** ist heute eine

Schaumwein aus dem Meer

Das Meer bringt ja so manche Besonderheit hervor – auf Krk ist es Schaumwein. Er wird bei Vrbnik in Gitterkisten ins Meer in 30 Meter Tiefe gebracht, wo er bei der gleichmäßigen Temperatur von 12 Grad und einer guten Dunkelheit in 400 Tagen zu einer außergewöhnlichen Qualität heranreift. An den Flaschen bleiben Korallen und Meeresreste erhalten, die sich während der Reifung dort abgesetzt haben. Diese Qualität hat ihren Preis – die Flasche kostet knapp 1.400 HRK, also etwa 190 €.

von 50 Höhlen auf der Insel und die einzige, die für Besucher geöffnet ist. Ist es draußen gerade sehr heiß, wäre ein Besuch bei den Stalagmiten und Stalagtiten nicht nur interessant, sondern auch eine wohltuende Sonnenpause *[51513 Rudine, Tel. +385 98 21 16 30, www.spilja-biserujka.com.hr. April, Okt 10-15, Mai, Juni 9-17, Juli, Aug 9-18, Sep 10-17 Uhr. Erw. 30 HRK, Kinder (5-12 J.) 20 HRK]*.

Flacher Kiesstrand

Wer es lieber klarer und matschfreier als beim Heilschlamm mag, reist nach **MALINSKA**. Der Ort gehört zu den Höhepunkten der Insel, mit seinen teilweise flach abfallenden Kiesstränden zeigt er sich als geradezu perfekt für Familien. Dazu bietet er eine schöne Uferpromenade zum Flanieren und Genießen. Ein Traum, besonders für kleine Kinder, ist der flach abfallende Kieselstrand **RUPA**. Ganz in der Nähe liegen Bäckereien und Bistros. Auch in **VRTACA** geht es sanft ins Wasser, der Strand ist kleiner, dafür gibt es Schatten spendende Bäume am Ufer. Eltern, die ihre aktiven Kinder beschäftigen und Historisches erkunden wollen, machen sich auf in den Wald von **CICKINI** zu den Ruinen der alten Kirchen oder zum Aussichtspunkt von **FUMAK**. Vorsicht, die weiter unten liegende Bucht ist bekannt für ihre vielen Seeigel! In **DRAŽICA** gibt es einen schönen Strand für Familien. Wer die Unterwasserwelt erleben will, kann eine Tour im Glasbodenboot, etwa in **NJIVICE**, buchen, unter anderem bei **ELPI-TOURS** *[Sveti Vid, Miholjice 202, 51511 Malinska, Tel. +385 51 85 97 70, www.elpi-tours.com. 100-140 HRK]*.

Der Hafen von Malinska

Die Gemeinde Vrbnik liegt auf einem Felsen

Kultur und Festungen
Weiter führt unsere Fahrt nach **KRK-STADT**, Hauptstadt der Insel. Die Altstadt mit dem Platz Kamplin und dem Kastell der Familie Frankopan sind nicht nur für kulturbegeisterte Erwachsene ein Erlebnis, Kinder lieben es, die Festungsmauern aus dem 12. Jahrhundert sowie die Türme zu erklimmen – einer der Türme diente sogar als Gerichtssaal. Von ihm aus ergibt sich ein herrlicher Blick auf die engen Gassen und das Meer. Nach so viel Geschichte braucht das Hirn Pause? Kein Problem – wie wäre es mit einer U-Boot-Fahrt (s. S. 96)? Am Strand gibt es auch Volleyballfelder oder Wakeboard-Möglichkeiten. Und falls es einmal regnen sollte, lockt das **AQUARIUM** *[Ul. Stjepana Radića 2, 51500 Krk, www.aquariumkrk.com. Tägl. 10-15 Uhr. Erw. 40 HRK, Kinder (5-12 J.) 20 HRK]*.

Wie ein See
Ganz in der Nähe befindet sich eine Bucht, die wie eine Traumlandschaft wirkt: **PUNAT** erinnert auf den ersten Blick an einen Badesee, in der Mitte zeichnet sich sogar eine Insel ab. Nur ein kleiner Durchlass verbindet diese Bucht mit dem Meer. Eine derart geschützte Lage ist bei Jachtbesitzern sehr beliebt und so schaukeln viele Boote an Stegen im Wasser. An Land gedeihen Oliven, Wein, Aprikosen sowie Feigen und brachten Punat schon im 14. Jahrhundert Reichtum ein, wie man an den Gebäuden der Stadt ebenso sehen kann wie an der alten Ölmühle. Wer einen gepflegten Strand sucht, ist am Hauptstrand **PUNTA DEBIJA** genau richtig. Die kleine, fast kreisrunde **INSEL KOŠLJUN** ist mit einer Passage mit einem Bootsmann (Barkajoli) in 10 Minuten Fahrzeit vom kleinen Anleger nahe des Hauptstrands zu erreichen. Dort warten nicht nur dichter Wald und verwunschene Steineichenhaine, sondern auch ein altes Franziskanerkloster auf kleine und große Entdecker.

Piratennest
Die Straße geht weiter zum kleinen Ort **VRBNIK**. Ein echtes Piratennest, das hier auf den Klippen liegt, 50 Meter über dem Meer. Manche

Häuser scheinen sich wie Küstenbäume an die Felsen zu krallen. Ältere Herrschaften, die gemütlich vor einer Bar sitzen, hübsche, gepflegte Restaurants, Läden und die Kirche, an deren Turm Kapernbüsche aus den Mauerritzen ins Senkrechte wuchern – ein typisches Mittelmeerszenario. Die Gassen sind zu eng für Autos, eine zählt sogar zu den schmalsten ihrer Art, breitschultrige Menschen bleiben hier stecken. Auf den Hängen um den Ort herum wächst der Süßwein Žlahtina, eine autochthone Sorte der Insel. Winzer laden gern in ihre privaten Kellerlokale – für Kinder nicht lange spannend. Für sie lohnt eher ein Abstecher in das **FÜRSTENHAUS DER FAMILIE VITEZIC** *[an der Hauptstraße, Vrbnik Bb, 51516 Vrbnik, Tel. +385 51 22 13 59]*, dort gibt es auch eine alte Buchdruckerei zu bestaunen sowie ein kleines Heimatmuseum. Wer in Vrbnik ist, sollte einen Abstecher zum Strand **POTOVOŠCE** einplanen, er zählt zu den schönsten des Landes, vielleicht sogar der Adria. Direkt am Strand befindet sich ein Parkplatz. Eltern mit größeren Kindern können auch zu Fuß von Vrbnik gehen, es dauert ca. 40 Minuten. Wer lieber Sandstrand möchte, weicht nach **RISNJAK** aus (6 Kilometer entfernt), dort gibt es Sonnenliegen, einen Tretbootverleih und einen kleinen Spielplatz im Meer.

Heimat der Gänsegeier

Die Insel Prvić und der Küstenteil im Nordosten von Krk gehören zu den Reservaten für kroatische Gänsegeier. Sie bauen ihre Nester über dem Meer auf steilen Felsklippen – eine Besonderheit der hier lebenden Art. Nur noch wenige Paare werden in dieser Region gesehen, einige am Himmel über Krk, andere über Cres. Ein Schutzzentrum im Ort Senj am Festland gegenüber erforscht das besondere Verhalten dieser Vögel, versucht, den Bestand genau zu erfassen – und wieder zu vermehren. Das Zentrum pflegt zudem verletzte Tiere. Hier sind auch Führungen möglich, bei denen Besucher in die Welt dieser Greifvögel eingeweiht werden.
GRIFON BIRDS OF PREY CONSERVATION CENTRE, *Obala dr. F. Tuđmana 2, 53270 Senj, Tel. +385 51 62 18 77, www.supovi.hr.*

Traumstrand und Nervenkitzel
Von Potovošće aus geht es ein Stück zurück nach Vrbnik und schließlich in den Südosten der Insel nach **BAŠKA**. Der Ort ist schon lange kein Geheimtipp mehr, denn er hat einen 2 Kilometer langen Kieselstrand (s. S. 21). Doch bevor es ins Wasser geht, lockt noch ein Abenteuer im Grünen: Adrenalin pur verspricht die **ZIPLINE EDISON,** deren Eingang sich direkt an der Straße befindet *[Treskavac, Anmeldung zuvor telefonisch erforderlich unter Tel. +385 98 62 60 61, www.zipline-edison-krk.com. Bei Regen werden die Fahrten verschoben, im Winter finden sie sehr selten statt. 390 HRK pro Person]*. Dort können sich die Gäste an einem Drahtseil einhängen und über

die Landschaft schweben. Bremsen und Beschleunigen wird selbst reguliert. Mit bis zu 80 Stundenkilometern kann man an der Zipline ordentlich Tempo aufnehmen. Kinder unter 12 Jahren dürfen nur in fachkundiger Begleitung mitfahren. Eine Mutprobe, die belohnt wird mit einzigartigen Ausblicken – nicht nur auf die blaue Adria und die Küste, sondern auch auf den herrlich grünen Wald.

Fische gucken in Baška

Nach diesem Abenteuer geht's endlich auf nach Baška. **VELA PLAŽA** ist der angesagte Stadtstrand des Ortes, ihn zu besuchen ist ein Muss, auch wenn Sie nicht in einem der Hotels oder Campingplätze in der Nähe untergekommen sind. Wer es einsamer mag, kann sich mit einem Taxiboot zu einer der wilden Buchten rund um den Ort bringen lassen, etwa **MUDRAKI** oder **BRACOL**. Ausreichend Proviant und Wasser mitnehmen!

Ist die Familie schon mal in Baška, sollte sie sich vielleicht einen Besuch des **AQUARIUMS** gönnen *[Kralia Tomislava 5, 51523 Baška, Tel. +385 51 85 60 52, www.akvarij-baska.com.hr. Okt/April 10-15, Mai 10-17, Juni/Sep 9-21, Juli/Aug 9-22 Uhr. Erw. 30 HRK, Kinder (5-12 J.) 20 HRK]*. Mit seinen 100 Fisch- sowie 200 Muschel- und Schneckenarten gibt es einen guten Einblick in die Unterwasserwelt der kroatischen Adria. Hier erfahren Kinder, welche Fische ihnen beim Schnorcheln begegnen – und welche nicht, weil sie sich gekonnt verstecken.

Glagoliza auf Krk

Kroatien hat eine Besonderheit – die uralte glagolitische Schrift, kurz **GLAGOLIZA** genannt. Sie stammt aus dem 9. Jahrhundert und ist eine Symbolschrift, die bis ins 19. Jahrhundert hinein in dieser Gegend verwendet wurde. Die Menschen in Kroatien sind sehr stolz auf dieses Kulturerbe, das sich noch auf alten Steintafeln, Buchseiten oder gar auf Wegweisern finden lässt. Auf Krk gibt es den Glagolitischen Pfad von Baška, der auf Steinskulpturen Buchstaben zeigt. Er führt vom Pass Treskavac bis zur Alten Riva im Hafen von Baška.

Vela Plaža gehört zu den bekanntesten Stränden Kroatiens

Tour 4: Das ruhige Cres

POROZINA • BELI • CRES • VALUN • LUBENICE • MARTINŠCICA • OSOR • LOŠINJ

WO: *Auf der Insel Cres* – **WIE:** *Mit dem Auto* – **DAUER:** *Ein- oder Zweitagestour mit Abstechern* – **NICHT VERGESSEN:** *Sonnencreme, Badesachen, Taucherbrille, Sportschuhe, Wasserflasche*

CRES *[Touristeninformation, Ulica Cons 10, 51557 Cres, Tel. +385 51 57 15 35, www.tzg-cres.hr]* ist eine Insel, die sich südöstlich von Krk befindet. Im Gegensatz zur Nachbarin ist sie nicht auf dem Landweg zu erreichen, sondern ausschließlich per Fähre. Gestartet wird entweder in Brestova nach Porozina (Insel Cres) oder auf Krk im Hafen von Valbiska nach Merag (Insel Cres) *[beide Fähren: www.jadrolinija.hr, Abfahrten ca. alle 1,5 Std., Fahrzeit ca. 20 bis 25 Min., Erw. 18 HRK, Kinder (3-12 J.) 9 HRK, PKW 115 HRK].*

Viel zu entdecken für Groß und Klein

Auf in die Ruhe

Die zweitgrößte Insel der Adria zeigt sich im Norden und Osten felsig und nur karg bewachsen, dafür im Süden und Westen üppiger mit schönen Buchten. Wer in **POROZINA** ankommt, fühlt sich vielleicht etwas verloren, der Ort ist wirklich nur als Start- und Ankunftspunkt für die Fähre angelegt, mit einem Café und dem Fahrkartenhäuschen ausgestattet. Wer sich jetzt nicht von den eiligen Autofahrern bedrängen lassen will, trinkt dort erst mal in aller Ruhe einen Kaffee, bevor es weitergeht. Eine Straße verbindet den Norden mit dem Süden der Insel, sie trägt die Nummer 100. Auf ihr geht es weiter auf dem Weg in die Inselhauptstadt Cres.

Bevor unser Ausflug dorthin führt, bietet sich für Naturfreunde ein Abstecher nach **BELI** an. Der höchste Berg der Insel, der 648 Meter hohe Gorice, zeigt sich an der Abzweigung nach Beli. Das Hafenstädtchen liegt hübsch eingebettet in Olivenhaine,

Im Stadthafen von Cres liegen einige Jachten

Weinkulturen und kleine Äcker, über denen die Gänsegeier (s. Kasten S. 45) kreisen – auf den steilen Felsen haben sie ihre Nester. Nicht nur deswegen lohnen sich Wanderungen, die Natur ist seit vielen Jahren sich selbst überlassen und herrlich wild. Sehenswert in der Stadt ist zudem eine römische Brücke – und wer gern wandert, findet auf dem Skulpturenweg außergewöhnliche Labyrinthe und Kunstwerke.

Italienischer Charme

Weiter geht's nach **CRES-STADT**. Die autofreie Innenstadt ist ein lebendiges Hafenstädtchen, dem man die venezianische Vergangenheit noch deutlich ansieht. Die kleinen, bunt verputzten Häuser gleichen italienischen, es macht Spaß, in den schattigen, engen Gassen herumzuschlendern oder sich im Hafen die Boote anzuschauen, möglichst bei einem Kaffee oder einer Limonade in einem der Bistros auf der Promenade.

In der Nähe des Hafens findet sich das **MUSEUM CRES**: Untergebracht im gotischen Adelspalast, informiert es über die Historie der Insel, zeigt antike Fundstücke und Alltagsgegen-

Günstig und sehr gut essen gehen in Valun

Der kleine Hafen von Valun ist ein ruhiges Plätzchen. Boote tuckern Richtung hohe See, Angler halten ihre Rute ins Wasser. Ein wunderbar verschlafener Ort. Ideal für Familien ist die **KONOBA TOS JUNA**. An kühlen Tagen brennt ein Feuer im Kamin. Die Portionen sind groß, die Gastgeberfamilie freundlich – und draußen sitzt man herrlich im Schatten eines Baumes. *Valun, 51557 Cres, Tel. +385 51 52 50 84. Tägl. 10-22 Uhr.*

Wildschweine

Es gibt sie wirklich, die Plagen der Natur – auf Cres sind es die Wildschweine. Sie gehören eigentlich gar nicht auf die Insel, denn der Mensch hat sie einst eingeführt, um etwas zum Jagen zu haben. Jetzt haben sie sich explosionsartig vermehrt, sodass die Bauern ihrer nicht mehr Herr werden. Wer mit dem Auto auf der Insel unterwegs ist, sollte auch deswegen (vor allem bei Dunkelheit) achtsam fahren.

stände aus dem Leben der Fischer und Bauern *[Ribarska 7, 51557 Cres, Tel. +385 51 34 49 63. April-15. Juni und 15. Sep-15. Okt Di-Sa 9-12 Uhr, 15. Juni-15. Sep Di-So 10-13 u. 19-23 Uhr. Erw. 10 HRK, Kinder 5 HRK]* Wer noch weiter auf den historischen Pfaden wandeln will, schaut sich die alten Stadttore an. Beim Rundgang durch die Stadt treffen Besucher nicht nur auf die vielen Brunnen, aus denen Trinkwasser sprudelt, sondern sie finden auch so manch hübsche Künstlerwerkstatt. Etwa **RUTA**, dort gibt die Textildesignerin **VESNA JAKIC** Kurse in Filzen und Gestalten – man muss sich nur rechtzeitig anmelden *[Drevenik 28, 51557 Cres, Tel. +385 98 31 30 29, www.ruta-cres.hr]*. Etwas außerhalb liegt das **FRANZISKANER-KLOSTER SAMOSTAN SV. FRANE** mit einem herrlichen Garten *[Trg sv. Frane 6, 51557 Cres, Tel. +385 51 57 12 17, www.cres-samostan.com]*.

Olivenbäume, Feigen und wilde Wiesen

Wer sich aufs Wasser wagen will, kann im Hafen eine Delfintour mit dem Segelboot buchen, vor allem für ältere Kinder und deren Eltern ein unvergessliches Erlebnis. Cres-Stadt und seine umliegenden Strände und Buchten sind beliebt, doch es lohnt sich auch, Ausflüge ins Hinterland zu machen, etwa nach **VALUN**. Ein verschlafenes kleines Städtchen mit wunderbar türkis schimmerndem Wasser. Auf dem Weg dorthin zeigt sich die Insellandschaft von ihrer besten Seite: duftende Thymian- und Salbeiwiesen, Olivenbäume und viele Schafe, ansonsten Einsamkeit pur. Im Hafen von Valun warten originelle Konobas (s. Kasten S. 14) wie die **KONOBA TOŠ JUNA** in einer alten Ölmühle, die allein schon sehenswert ist *[Valun, 51557 Cres, Tel. +385 51 52 50 84. Tägl. 10-22 Uhr]*. Das fleischbetonte Essen ist bodenständig und gut. Einige Schritte weiter liegt die Kirche **SV. MARIJA**, die im Inneren einen beschrifteten Stein als wichtiges Zeugnis der glagolitischen Schrift aufweist, der ältesten slawischen Schrift (s. Kasten S. 46). Valun ist vor allem in Österreich bekannt aus der Fernsehserie „Der Sonne entgegen".

Geschützter See

Über Dorfstraßen und durch steile Kurven geht die Fahrt nun weiter nach Lubenice. Dabei streift die Strecke immer wieder das wichtigste Trinkwasserreservoir der Insel, den 5,5 Kilometer langen **VRANA-SEE** (s. S. 70), der streng geschützt ist. Am nordwestlichen Zipfel erstreckt sich eines der wichtigsten Vogelschutzgebiete des Landes. Von Lubenice kann man an bestimmten Stellen einen Blick auf das Reservat erhaschen. Doch bevor die alte Festungsstadt erreicht ist, lohnt ein Stopp in **PODOL** bei der deutsch sprechenden **CLAUDIA HECKL**, denn sie verkauft Feigeneis (einfach den Schildern folgen) und erzählt gern von ihrem Leben auf der Insel. Weiter also nach **LUBENICE**. Die Fahrt dorthin ist abenteuerlich auf schmalen Straßen, oftmals gesäumt von Trockensteinmauern, mit so engen Fahrwegen, dass kaum zwei Autos passieren können. Der Ort mit 6 Einwohnern ist fast ausgestorben – und ebenso präsentiert sich Lubenice auch. Die einstige Festung als Krone der Felsen ist zu schwer zu erreichen für die jungen Menschen, die jeden Tag einen langen Weg zur Arbeit fahren. Und so wäre es fast ein Museumsdorf, wenn nicht manchmal eine kroatische Großmutter in schwarzer Tracht über die Straße huschen würde. Wie ein Adlernest schwebt dieser Ort über dem Meer und wirkt fast verwunschen mit seinen alten Mauern. Mit etwas Glück ist die Konoba geöffnet und serviert Erfrischungsgetränke, ansonsten gibt es noch ein Museum zur Schafzucht. Wer gut zu Fuß ist, schafft von hier den anspruchsvollen Wanderweg zum einsam gelegenen, aber traumhaften Strand **SV. IVAN** und zur **BLAUEN GROTTE** (s. Kasten r.).

Auf zum Meer

Weiter geht es in den ruhigen Ort **MARTINŠCICA**, der von der vorgelagerten Insel Zeča abgeschirmt wird. Der große Campingplatz (s. Kasten S. 110) bietet zugleich den schönsten Strand der Küste, er geht in den Stadtstrand über, der von einer Promenade gesäumt wird. Der Kiesstrand fällt flach ab und ist bei Familien beliebt, besonders am Campingplatz mit Beachvolleyball-

Die Drehbrücke von Osor ist immer wieder ein Erlebnis

Die Blaue Grotte

Wer die Farbe Blau liebt, ist hier genau richtig, denn es glitzert in allen Tönen: Die **BLAUE GROTTE** macht ihrem Namen alle Ehre. Sie liegt in der Bucht von Zanja und ist am besten von Martinšćica aus mit dem Boot zu erreichen. Bei Niedrigwasser zeigen sich zwei Eingänge zur Grotte: Einer ist zum Durchtauchen, der andere mit dem Boot zu bewältigen, wenn man den Kopf einzieht. Zur Blauen Grotte kommt man auch von Lubenice aus über einen Wanderweg – allerdings nur mit größeren Kindern, da der Abstieg steil ist (ca. 45 Min.) und der Anstieg lang und sehr anstrengend (ca. 1,5 Std.). Unbedingt ausreichend Wasser mitnehmen!

feldern und Restaurants. Eisdielen und Supermärkte sowie Schattenplätze unter den Kiefern versprechen einen perfekten Tag.

Spuren der Antike

Auf dem Weg zur Südspitze der Insel Cres liegt **OSOR**, die einstige Hauptstadt von Cres und Lošinj. Hier schufen die Römer im Mittelalter einen künstlichen Durchbruch zwischen den Inseln, um auf dem Wasserweg eine Abkürzung zu haben und nicht um die komplette Insel herum segeln zu müssen. So avancierte das Örtchen schnell zu einem Bischofsitz mit Kathedrale samt barockem Hochaltar (hier finden klassische Konzerte statt), Villen und einer Drehbrücke, die beide Inseln verbindet. Für Familien ist die Drehbrücke, die sich zweimal am Tag (9 und 17 Uhr) öffnet, um Schiffe passieren zu lassen, auf jeden Fall ein Spektakel, an dem sich Kinder erfreuen – vor allem wenn sie sehen, wie ein Mann mit einer Kurbel die gesamte Brücke in Gang bringen kann, um Fischkuttern, Ausflugsbooten und Seglern freie Fahrt zu gewähren.
Aber auch wenn man das Bewegen der Drehbrücke verpasst hat, lohnt sich der Ausflug nach Osor, wo sogar noch Reste der alten Stadtmauer zu finden sind. Der Platz mit dem Rathaus war nicht nur in der Antike Zentrum der Stadt, auch heute schlägt hier das Herz des Dorfes, in dem nur noch 70 Einwohner leben. Das Rathaus mit seiner überdachten Loggia ist inzwischen in der Nebenaufgabe zur archäologischen Sammlung geworden, ein Mini-Museum zur Geschichte des Ortes. Ein Ort wie ein Freilichtmuseum mit den Villen und den duftend grünen Gärten, in die man durch manches Tor oder manche Mauer einen Blick werfen kann.
Die engen Gassen regen die Fantasie an, wie es in der Römerzeit wohl hier gewesen sein könnte. Ein kleines Denkmal erinnert daran, dass in Osor im Jahre 1018 das erste Mal die Währung Kuna Eingang in die Geschichtsbücher fand: Die Marderskulptur erfreut auch die Kinder, denen man in diesem Zusammenhang gut die Geschichte der kroatischen Währung nahebringen kann (s. Kasten S. 8).
Von hier aus geht es weiter nach **LOŠINJ**, wo wir die Tour mit Baden und Action ausklingen lassen können (s. S. 23, 97, 106).

Tour 5: Mit Boot und Bus auf die Insel Rab

LOPAR • RAB • SUHA PUNTA

WO: *Auf der Insel Rab* – **WIE:** *Mit der Fähre und dem Bus* – **DAUER:** *Tagestour* – **NICHT VERGESSEN:** *Sonnencreme, Sonnenhut, Schwimmsachen*

Wald, Felsen und Sandstrände – es ist diese Kombination, die **RAB** *[Touristeninformation, Trg Municipium Arba 8, 51280 Rab, Tel. +385 51 72 40 64, www.rab-visit.com]* zu einem einmaligen Reiseziel macht und möglicherweise deswegen zur beliebtesten Insel der Deutschen. Ein Auto braucht man dort übrigens nicht zu leihen, das öffentliche **BUS-SYSTEM** *[Mali Palit bb, 51280 Rab, Tel. +385 60 30 60 80, www.autotrans.hr]* auf der Insel ist gut ausgebaut und erreicht fast alle Orte. Wer mit dem Gedanken spielt, mit dem eigenen Auto nach Rab zu fahren, sollte davon schnell wieder Abstand nehmen: Besonders in der Hauptsaison kann es an den Fähren zu stundenlangen Wartezeiten kommen. Drei Fährverbindungen gibt es auf die Insel. Nur knapp 20 Minuten dauert die Überfahrt von Stinica (Festland) nach Misnjak (Insel Rab). In der Hauptsaison legt die Fähre zwischen 4 Uhr und 24 Uhr stündlich ab *[www.rapska-plovidba.hr, Erw. 15 HRK, Kinder 6 HRK]*. Mit einem **KATAMARAN** *[www.jadrolinija.hr, 80 HRK Hauptsaison, 60 HRK Nebensaison, nur Personenfähre]* kann man in knapp 2 Stunden von Rijeka nach Rab-Stadt übersetzen – perfekt für ein kleines Abenteuer mit der Familie.

Der Strand von Lopar

Wer möchte, kann von Valbiska (Insel Krk) nach Lopar (Insel Rab) fahren *[www.jadrolinija.hr, Fahrzeit ca. 1,5 Stunden, Erw. 31 HRK, Kinder 19 HRK]* oder von Rab nach Krk und Tour 3 (s. S. 42) mit dieser Tour kombinieren.

Der erste Eindruck trügt

Grau, felsig und fast ohne Vegetation – was wollen wir auf dieser Insel? Diese Frage mag sich so mancher stellen, der das erste Mal nach Rab reist. Die Insel präsentiert sich auf den ersten Blick irgendwie ernüchternd und hat so gar nichts mit den Ferienträumen gemeinsam, die man als Familie oft gemeinsam träumt. Doch es gibt kaum ein besseres Beispiel, wie der erste Eindruck täuschen kann, denn Rab kann auch ganz anders – schließlich gehört die Insel zu den waldreichsten Gegenden des Landes. Spätestens wenn das Boot die Felsenkette Kamenjak, die Rab vor den kalten Nordwinden schützt, passiert hat, zeigt das Eiland sein zweites Gesicht: Grün, wohin das Auge schaut, Felder und sogar Weinstöcke. Doch zunächst heißt es ankommen und sich zurechtfinden auf der kroatischen Insel.

Rabs Tortenstück

Es gibt einen typischen Kuchen auf der Insel, die Rab-Torte. Die wichtigsten Zutaten sind Mandeln und Maraschino-Likör. Traditionell wird die Torte in Form einer Spirale hergestellt. Dieser besondere Kuchen wurde das erste Mal von Nonnen gebacken, als Papst Alexander III. die Insel im Jahre 1177 besuchte, und avancierte dann schnell zur Lieblingsspeise der reichen Leute auf Rab. Heute ist er eine Inselspezialität, die vor allem in der **MUSEUMSBÄCKEREI** gebacken wird – hier können erwachsene Besucher auch probieren.
Dinka Dokule 2, 51280 Rab, Tel. +385 51 77 11 22, www.rabskatorta.com. Kernöffnungszeiten 10-18 Uhr.

Erwachsene probieren die Rabska Torta

Zum Baden ins Paradies

Obwohl die Stadt Rab der Hauptort der Insel ist, lohnt es sich, die Fähre nach **LOPAR** *[Touristeninformation, Lopar bb, 51281 Lopar, Tel. +385 51 77 55 08, www.rab-visit.com]* zu buchen, denn hier lockt ein breiter Sandstrand: Der **RAJSKA PLAŽA**, auch Paradiesstrand **SAN MARINO** genannt (s. S. 22), ist seicht und sandig – ideal für Familien. Vor allem die riesige Rutsche **AQUAGUN** mit ihren Kurven und steilen Anfahrten ist bei Kindern ein großer Renner. Außerdem gibt es in Lopar Hüpfburgen, Trampoline und Spielplätze, also ein großes Spaßareal für Kinder zum Austoben jenseits des Strandes. Die nahen Anbieter von Surfkursen, Tretbooten oder Kanus sorgen dafür, dass auch Familien mit größeren Kindern sich nicht langweilen, so gibt es auch einen Basketballplatz, Fahrradverleiher oder Minigolf und Volleyballfelder.

Weiter zur Inselhauptstadt

Von Lopar aus fährt ein Bus nach **RAB**, der Inselhauptstadt. Auch sie ist wie viele Städte an dieser Küste von einer mittelalterlichen Mauer umgeben und von venezianischer Bauweise geprägt. Die Stadt Rab besteht seit 2.000 Jahren, erste Besiedelungen gab es bereits um 10 v. Chr. Heute lässt sich davon

Romanische Kirchtürme in der Stadt Rab

kaum noch etwas finden, dafür ist der Stadt ein Wahrzeichen gewiss: Vier Kirchtürme prägen die Silhouette der Landzunge, die wie eine Messerklinge weit ins Meer hineinragt. Dazu sind viele der Häuser auf den Stadtmauern errichtet, was Rab das Aussehen einer riesigen Festung verleiht.

Von Kirche zu Kirche

Die Straße Gornja ulica führt die Besucher an mehreren Kirchen vorbei, als erste liegt **SV. KRIŠTOFORA** auf dem Weg, sie befindet sich nah der Stadtmauer. Durch ein kleines Gittertor kann man die Wehrmauer erklimmen und einen Blick auf das herrliche Panorama von Rab-Stadt werfen. Dort befindet sich auch ein sattgrüner Park, der **KOMRCAR**, als Teil der ehemaligen Festung Galjarda. Kinder können hier toben oder auch bis an den zum Park gehörenden Strand rennen und dort die Füße ins Wasser stecken, bevor es auf dem Weg der Kirchen weitergeht. Zuvor lohnt es sich, sich genauer mit einer alten, kroatischen Sage zu befassen. Denn der Brunnen an dieser Stelle erinnert an die Geschichte um das Hirtenmädchen Draga, das einst auf der Insel Rab wohnte. Der Hirte Kalifront verliebte sich schwer in die schöne Hirtentochter, die sich vor seinen Annäherungen und Werbeversuchen kaum noch retten konnte. In ihrer Not bat sie die Götter um Schutz und floh. Kalifront holte seine Angebetete aber ein, als sie einen Felsen erreicht hatte. Da griff die Göttin ein und ließ das Mädchen zu Stein werden. Dessen Tränen bringen heute noch eine Quelle hervor, so sagt man. Kalifront aber musste diesen Platz meiden und wurde gezwungen, auf der Insel einen Wald anzulegen, der nun seinen Namen trägt. Der Brunnen in Rab-Stadt erinnert bis heute an diesen Vorfall, bei dem aus heiterem Himmel plötzlich eine Quelle entstanden war. Auch der dichte Wald erzählt von der Sage, die jedes Kind auf Rab zu erzählen weiß.

Souvenirs zum Aufessen

Duftende Salbeibüschel sind typisch für die kroatische Inselwelt, vor allem auf Rab. Salbeihonig zählt zu den kulinarischen Spezialitäten der Insel. Er schmeckt nicht nur köstlich, sondern lindert auch Beschwerden wie Husten oder Halsschmerzen. Der Bauernhof **NATURA RAB** hat sich ganz auf die Herstellung des Honigs spezialisiert. Produziert werden dort zudem Heilkräutertees und -cremes – ein kleines Kräuterparadies. Der Hof wurde ausgezeichnet für seine ökologischen Produkte, deren Hauptaugenmerk auf der Imkerei liegt. Aber auch Oliven und Olivenöl können dort erworben werden.
Barbat 677, 51280 Rab, Tel. +385 98 28 13 08, www.natura-rab.hr.

Nächste Station auf dem Stadtrundgang ist die Kirche **SV. IVAN**. Sie stammt aus dem 11. Jahrhundert und ist leider nicht mehr ganz unversehrt erhalten, ebenso wie ihr Turm. Weiter geht es zur Kirche **SV. KRIŽA** und der nur wenige Meter entfernt liegenden **SV. JUSTINA**, die gleich neben der Sv. Andrije liegt. **SV. ANDRIJE** *[Turmbesichtigung 10-13 und 19.30-22 Uhr]* ist ein bis heute aktives Kloster, in dem noch immer Nonnen leben, die ihr Tagewerk Gott verschrieben haben. Die wichtigste Kirche der Insel ist der **DOM SV. MARIJA VELIKA** *[Glockenturm 10.30-13 u. 19.30-22 Uhr, sakrale Sammlung 10.30-12.30 u. 20-22 Uhr]*. Der 26 Meter hohe Glockenturm zählt zu den schönsten seiner Art weit und breit. Der Bau wurde übrigens 1177 vom Papst persönlich geweiht und ist mit seinen Säulengängen und dem byzantinischen Altar auch im Inneren sehenswert. Weiter geht es nun zur Landspitze. Die Kirche des heiligen Anton, **SV. ANTUN OPAT**, ist ebenfalls eine bis heute aktive Klostergemeinschaft der Franziskaner – an wunderbarer Stelle gelegen mit Blick auf das Meer und den Jachthafen.

Ein Eis muss sein
Genug der Kirchen, jetzt geht es weiter durch zwei weitere Straßen, die durch Rab führen. In der Srednja herrscht ein buntes Gewirr aus Läden und Cafés, viele Menschen schieben sich in der Hauptsaison

Paddeltour

Wem Strandtage zu öde sind, der kann sich auf Rab auch mal im Paddeln versuchen: Es gibt schöne Paddeltouren im Kajak entlang der Küste, oftmals mit ausgedehntem Badestopp an einem wundervollen Strand. Für ältere Kinder, die immer mal Herausforderungen suchen, durchaus ein passendes Vergnügen. Buchbar etwa bei **SEA KAYAK CROATIA** für 300 HRK pro Person als Tagestour.
Banjol 341, 51280 Rab, Tel. +385 99 322 70 06, www.seakayak.hr.

an den Schaufenstern vorbei. Die Straße Donja steht diesem Gewusel fast in nichts nach, Straßenmusiker und Maler bereichern das quirlige Bild. Manchen Kindern mag dieses zu anstrengend sein, da hilft oft ein leckeres Eis und einfach mal an den Rand setzen mit Blick auf die Marina und die schaukelnden Boote. Wer für heute genug hat, bucht die nächste Fähre für die Rückfahrt, zum Beispiel den Katamaran (s S. 52).

Per Bus zum Strand
Für alle Unternehmungslustigen, die noch reichlich Zeit bis zur Abfahrt der Fähre haben, lohnt ein Abstecher ins nur 5 Kilometer entfernte **SUHA PUNTA**, eine kleine Feriensiedlung, ebenfalls im Norden der Insel gelegen. Dichte, duftende Wälder im Hinterland und viele Buchten, die noch nicht so stark frequentiert sind, machen diesen Platz zu einem attraktiven Ziel. Hin geht es bequem mit dem Linienbus (s. S. 52) von Rab-Stadt aus, der mehrmals am Tag dorthin verkehrt. Er fährt nur 200 Meter vom Stadtzentrum entfernt an der Straße Palit vor der Bankfiliale ab, die sich fast vis-à-vis dem Jachthafen befindet. Wer es exklusiver und etwas abenteuerlicher haben möchte, kann sich aber auch von Rab-Stadt mit dem **TAXIBOOT** (s. Kasten) bringen lassen. Also, auf ins Unbekannte und an die wilde Küste der Insel! In Suha Punta grenzen die Wälder fast direkt ans Wasser, das hier – wie so oft auf den Inseln und in Kroatien – so klar ist, dass es nicht nur türkis, sondern an manchen Stellen auch smaragdgrün schimmert. Der schönste Strand findet sich in der Bucht **CIFNATA**, auch Paradiesbucht genannt, mit ihrem dunklen Sand und den weit ins Meer ragenden Landzungen, die dicht mit Bäumen bewachsen sind. Der Strand fällt seicht ab ins Meer, perfekt also für Familien. Allerdings muss man zu dieser Bucht ein wenig laufen (etwa 2 Kilometer), für wandermüde kleine Kinder würde sich da eher ein Taxi anbieten. Und dann nichts wie hin an den Strand und Burgen bauen, denn der Sand hier hat einen hohen Tongehalt, was kleine Bauherren besonders erfreut. Wen es nicht so an den Strand zieht, der kann hier auch prima wandern: Den Waldpark **DUNDO** durchziehen wunderbare Wege, überschattet von Eichen, Pinien und Zypressen. Der schönste ist der Wanderweg **PREMUZICEVA** (ausgeschildert als Nr. 2). Ach, es ließe sich noch so vieles entdecken auf der Insel – schade, dass es dann abends schon wieder mit dem Schiff zurückgeht.

Wassertaxi

Nicht jede Bucht in Kroatien ist gut erreichbar. Deswegen haben die Einheimischen sich eine besondere Art des Transports einfallen lassen, möglichweise inspiriert von der italienischen Vergangenheit: Es gibt Wassertaxis, die Besucher zu den gewünschten Buchten bringen und dort zum vereinbarten Zeitpunkt auch wieder abholen. Eine praktische Sache, denn die schönsten Buchten sind meist nur über das Wasser erreichbar.

Tour 6: Wandern an den Plitvicer Seen

NATIONALPARK PLITVICER SEEN

WO: *Im Nationalpark Plitvicer Seen* – **WIE:** *Mit dem Auto und zu Fuß* – **DAUER:** *Tagestour* – **NICHT VERGESSEN:** *Sonnencreme, Wanderschuhe, Trinkwasser, ggf. Picknick, Rucksack, rutschfeste Wasserschuhe*

Er ist der älteste Nationalpark Kroatiens und auch Südeuropas: Schon 1949 wurde das knapp 300.000 Hektar große Gebiet unter Schutz gestellt. Wer einmal dort war, den wundert das nicht: 16 Seen, wie Perlen aufgereiht und miteinander durch Überläufe, Wasserfälle und Höhlen verbunden, formen eine außergewöhnliche Landschaft – nur 60 Kilometer von der Adria entfernt. Die Seen bilden eine Art Kaskadensystem, das sich über eine Distanz von 9 Kilometern erstreckt und mehr als 130 Meter Höhenunterschied überwindet. Dabei spült das Wasser Sedimente aus dem Kalkgestein heraus, wenn es sich in überirdischen Bächen und Wasserfällen durch die Landschaft ergießt. So sind viele Becken und Gesteinsformen entstanden,

Der Nationalpark Plitvicer Seen verzaubert mit seinen spektakulären Wasserfällen

Die türkisblauen Seen glitzern im Sonnenlicht

die eine einmalige Formation bilden. Die größten Seen des Parks sind Prošćansko jezero und Kozjak – auf dem Kozjak verkehren Elektroboote und bringen Besucher von einem Ufer zum anderen.

Es gibt 7 verschiedene Routen, den Nationalpark zu erkunden, auf ihre Art sind alle schön und es ist schwer, sich auf eine festzulegen. Mit kleinen Kindern hingegen fällt die Entscheidung schnell, denn da wird die einfachste, kürzeste und abwechslungsreichste Strecke gesucht – und das wäre in diesem Fall Wanderweg A.

Zu Fuß oder per Boot

Es gibt viele Möglichkeiten, Wanderungen durch den Nationalpark zu gestalten. Über die großen Seen fahren Elektroboote und verkürzen so manche Strecke. An Land gibt es eine kleine Panoramabahn, die große wie kleine Gäste ein Stückchen chauffiert, wenn die Füße zu müde geworden sind. So lassen sich Strecken abkürzen oder kleine Abenteuer einbauen. Das macht vor allem in der Nebensaison Sinn. In der Hauptsaison kann es vorkommen, dass sich viele Menschen auf den Stegen befinden, deswegen möchten die Ranger gerade an besucherstarken Tagen, dass die Menschen sich – ohne Gegenverkehr – nur in eine Richtung bewegen und Rundwege wählen. Wer also vorhat abzukürzen, sollte sich vorher genau überlegen, welche Richtung genommen werden soll. Die meisten Strecken dauern um die 4 Stunden, nur Route A und Route E sind kürzer. Als Faustregel gilt übrigens, dass man Kindern pro Lebensjahr einen halben bis einen Kilometer Wanderung zutrauen kann. Es hängt aber sehr stark von der Kondition des Kindes ab – und von der Geduld der Eltern.

Sicherheit

Wer an den Seen wandert, wird immer wieder Stellen finden, an denen es gefährlich ist, weil es seitlich eines Pfads steil bergab geht oder Stegwege ohne Geländer über tosende Gewässer führen. Dass es hier tatsächlich oft an Absperrungen (und Mülltonnen) fehlt, ist eine bewusste Entscheidung der Parkverwaltung. Sie stellte fest, dass Besucher bewusster gehen und vorsichtiger sind, wenn eben nicht alles gesichert ist. Daher finden sich im Park auch nicht so viele Mülltonnen, wie man vielleicht annimmt.

Baden verboten

Wunderbar klares Wasser, türkisgrün oder smaragdfarben schimmernd, lädt immer zum Baden ein. Doch das ist in den Plitvicer Seen strengstens verboten. Der Grund dafür ist der Naturschutz, denn das Ökosystem ist empfindlich und die Seen wurden in den vergangenen Jahren von Besuchern geradezu überrannt. Schweißrückstände und Sonnencreme stören das empfindliche Travertin-System (s. Kasten S. 61). Daher kann es sinnvoll sein, in den Herbst- oder Osterferien zu reisen, da man dann wegen niedriger Temperaturen ohnehin nicht ins Wasser springen mag.

Nah am Wasserfall

ROUTE A startet am **NORDEINGANG** (Rastovača) des Nationalparks, der sich in der Nähe des großen Wasserfalls befindet *[53231 Plitvička jezera, Tel. +385 53 75 10 15, www.np-plitvicka-jezera.hr. Winter 9-16 Uhr, Frühling/Herbst 8-18 Uhr, Sommer 7-20 Uhr. Hauptsaison 1. Juli-31. Aug Erw. 180 HRK, Kinder (7-18 J.) 80 HRK. 1. April-30. Juni und 1. Sep-31. Okt Erw. 110 HRK, Kinder 55 HRK. 1. Nov-31. März Erw. 55 HRK, Kinder 35 HRK. Tickets für 2 Tage lohnen sich]*. Wer mit dem Auto anreist, sollte auf abenteuerliche Strecken vorbereitet sein – auch beim Parken, denn viele Plätze wurden so naturnah wie möglich gestaltet. Parken kostet 7 HRK die Stunde. Von dort geht es los in den Park, auf zum Wasserfall. Er trägt übrigens einen Frauennamen. **MILKA TRNINA** heißt er nach der gleichnamigen Opernsängerin, die 1897 Geld für den Ausbau der Wanderwege in dem Gebiet gespendet hat und damit dem Ausbau des Nationalparks einen großen Schub gab. Der Wasserfall gehört zu den spektakulärsten des Nationalparks. Der **VELIKI SLAP** stürzt sich über eine Distanz von 78 Metern in die Tiefe und ist damit nicht nur der größte seines Landes, sondern auch einer der schönsten in Europa. Er sollte gerade mit Kindern auf keinen Fall bei einer Parkwanderung fehlen. Ihm angeschlossen ist der See **MILANOVAC JEZERO**, der von hohen Felsen eingerahmt ist und strahlend blaugrün schimmert. Von dort aus geht es weiter auf der Route A in die Schlucht der unteren Seen, **DONJA JEZERA.** Bald zeigt sich der nächste See auf der Wanderung, der **NOVAKOVICA BROD**. Auch dort ist die Landschaft geprägt von der erfrischenden Gischt der Wasserfälle, die einem ins Gesicht schlägt, wenn man auf dieser Route bleibt. Das Wasser fällt über eine runde Felsenkuppe und ergießt sich von dort aus in die Tiefe. Vor allem im Frühling oder Herbst ist es ein beeindruckendes Schauspiel, wenn die Flüsse, die hier entlangfließen, viel Wasser führen.

Karl May lässt grüßen

Weiter zum See **KALUĐEROVAC**, er ist Karl-May-Fans vielleicht als Kulisse für „Der Schatz im Silbersee“ aus den 1960er-Jahren bekannt. Weltberühmt ist die Szene, in der Winnetou und

Old Shatterhand über das Wasser rudern. Auch die dort gelegene Höhle ist einen Besuch wert, von der man einen wunderbaren Ausblick genießt. Der Sage nach soll in dieser Höhle einst ein Mensch gelebt haben, ganz spartanisch und zurückgezogen von der Zivilisation. Deswegen tragen See und Höhle heute auch diesen Namen, der sich vom kroatischen Kaluđer (Mönch) ableitet. Weiter geht es zu den Seen **GAVANOVAC** und **MILANOVAC**. Um jeden dieser Seen dreht sich übrigens auch eine eigene Sage, oftmals um Menschen, die darin ertrunken sein sollen. Von dort aus führt die Wanderung zum Rastplatz **KOZJACKI MOST**. Nicht nur Kioske und Imbissbuden versorgen die Besucher, auch sanitäre Anlagen sind hier vorhanden.
Wer keine Lust auf Fast Food aus der Bude vor Ort hat, bringt lieber ein Picknick mit und genießt auf den Bänken eine kleine Jause. Frisch gestärkt beginnt der Aufstieg zum Ausgangspunkt – nun müssen alle noch einmal etwas Kraft aufwenden, denn es geht bergauf. Wie hier gilt auf dem ganzen Weg, vor allem mit kleineren Kindern: Den Nachwuchs nicht einfach vorrennen lassen oder auf Erkundungstour schicken, sondern am besten ganz in der Nähe halten – der Weg ist an manchen Stellen anspruchsvoll und rutschig. Die Wanderung ist nicht barrierefrei, oft sind die Stege mit Bohlen belegt, über die sich etwa ein Kinderwagen nicht gut schieben lässt.

Über Holzstege

Wer sich mehr zutraut, wählt einen längeren Weg. Die anderen Routen durch den Park sind oftmals Strecken, in denen einige Passagen mit dem Elektroboot zum Programm gehören. Solche Transfers sind immer im Eintrittspreis inbegriffen und gerade für Familien auch eine schöne Pause. Schulkinder hingegen wollen oft gar nicht umsteigen, sie lieben diese Entdeckungstouren zu Fuß, wenn sich hinter der nächsten Biegung unerwartet wieder eine Holzbrücke auftut oder ein tosender Wasserfall, von denen es schier unzählige gibt, sodass die Landschaft einem Wunderland gleicht. Empfehlenswert ist auch eine geführte Wanderung in einer Gruppe, denn dabei erfährt man viel mehr über das Gebiet,

Kleine Wasserfälle zwischen duftenden Bäumen

Travertin

Die Landschaft an den Plitvicer Seen ist beherrscht von Travertin. Dies ist eigentlich nichts anderes als abgelagerter Kalk des Süßwassers, der sich gern überall festsetzt, wo er angeschwemmt wird. So bildet er Terrassen und kleine Becken, die sich im Laufe der Jahre immer wieder verändern und dabei so einmalige Formationen entstehen lassen, wie sie sich im Nationalpark zeigen. Dabei bilden sich nicht selten Barrieren aus Kalktuff, die sich wie breite Stalagmiten auf dem Boden der Seen auftürmen und als Staudämme wirken. Herabfallendes Laub setzt sich zusätzlich ab und lässt diese Schichten wachsen. Auf diese Weise verändern sich Wasserstand und Erscheinungsbild der Landschaft mit dem Wachsen der Travertin-Schichten beständig: Manche Inseln und Barrieren verschwinden, weil der Wasserpegel steigt – andere werden neu errichtet.

als wenn man es auf eigene Faust erkundet. Zwar sind die Wanderwege gut beschildert und leicht zu finden, dennoch ist es für Familien mit kleinen Kindern von Vorteil, sich einem Guide anzuschließen. Wissen sollten Besucher auf jeden Fall, dass das Schutzgebiet nicht nur hübsche Seen hat, sondern auch eine reiche Flora und Fauna. Das Seengebiet ist eingebettet in eine Gebirgslandschaft, die sich einen abschirmenden Charakter bewahrt hat. Es gibt keine Industrie und keine Straßen. So liegt die Landschaft wie ein funkelndes Juwel fernab von Großstädten. Das hat einen günstigen Einfluss auf die Tier- und Pflanzenwelt. Mehr als 320 Arten von Schmetterlingen wurden hier gesichtet, 21 Fledermausarten und 55 Orchideensorten. Besucher sind beeindruckt, wenn sie hören, dass das Gebiet auch Lebensraum für Braunbären und Wölfe ist. Die Tiere leben zurückgezogen in den Urwäldern, die nicht begehbar und damit streng geschützt sind. Wanderer brauchen also keine Sorge zu haben, den Wildtieren zu begegnen.

Strecke für ganz Kleine
Eine Alternative für Eltern mit ganz kleinen Kindern ist, die Strecke vom Eingang 2 bis zum Eingang 1 zu laufen und dann den Shuttle zum Ausgangspunkt zurück zu nehmen. Das spart Zeit, trotzdem sieht man auf diesem Abschnitt sehr viel. Wer einmal im Park war, wird feststellen, dass ein Tag eigentlich viel zu kurz ist. Besser wären 2 Tage, zumal dann auch die Sonnenwahrscheinlichkeit größer wird, wenn man außerhalb der Saison reist und eine Regenperiode erwischt hat. Denn wenn es sich eingeregnet hat, ist das Wetter in den Bergen leider auch gern beständig. Es ist zudem unmöglich, alles an einem Tag abzuklappern, deswegen sollten Besucher sich für eine Variante entscheiden – entweder die oberen oder die unteren Seen. Die hier vorgestellte Tour A umrundet ausschließlich die unteren Seen.

Tour 7: Auf Winnetous Spuren und weiter nach Pag

ZRMANJA-SCHLUCHT • POSEDARJE • NOVIGRAD • PAG

WO: *Vom Festland auf die Insel Pag* – **WIE:** *Mit dem Auto* – **DAUER:** *Tagestour* – **NICHT VERGESSEN:** *Sonnencreme, Sonnenhut, Schwimmsachen, Geld für Souvenirs*

Zum Aussichtsplateau der **ZRMANJA-SCHLUCHT**, dem ersten Highlight unserer Tour, gelangt man über die Staatsstraße D 54 in Richtung Obrovac. Kurz hinter dem Ort Jasenice stehen Telegrafenmasten am rechten Straßenrand. Zwischen Mast 86 und 87 führt ein Schotterweg zum Aussichtsplateau. Es gibt dort ein kleines Schild mit dem Hinweis „Parizevacka glavica". Nach etwa 1 Kilometer erreicht man dann den spektakulärsten Aussichtspunkt über der Zrmanja-Schlucht.
Das Besondere an diesem Ort ist der Bogen, den der Flusslauf nimmt. Das Wasser des Flusses hat sich hier nicht nur in die Felsen gefressen und eine tiefe Rille im Gestein hinterlassen, sondern fließt 200 Meter weiter unten wunderbar blaugrün schimmernd gen Adria. Klar, dass eine solche Kulisse auch filmreif ist und unter anderem in den Winnetou-Klassikern verewigt wurde. Winnetou und Old Shatterhand wurden hier zu Blutsbrüdern, hier befand sich in den 1960er-Jahren auch das Pueblo,

Die atemberaubende Zrmanja-Schlucht

Über die imposante rote Brücke von Maslenica

ragender Schinken hergestellt. Der Pršut wird über aromatischen Hölzern – unter anderem von der Pinie – geräuchert und in hauchdünnen Scheiben serviert.
Der Ort mit den romantischen Gässchen erfuhr in

die Heimat des Apachenhäuptlings, und viele weitere Szenen wurden hier gedreht. Einen Abstieg in den Canyon sollte man nicht wagen, es ist schlichtweg lebensgefährlich. Wen die Abenteuerlust trotzdem packt, der bucht eine Bootstour oder gar einen Kajak- oder Rafting-Ausflug im **RIVA RAFTING CENTAR** *[Drage, 23450 Obrovac, Tel. +385 23 68 99 20, www.riva-rafting-centar.hr. Kajaktour Erw. 280 HRK, Kinder 140 HRK]*.

Über die rote Brücke

Wer genug gesehen hat, macht sich auf den Weg nach **POSEDARJE**. Dabei passieren Autofahrer die Brücke von Maslenica, die über den Velebit-Kanal führt. Die rote Brücke ist ein Bauwerk aus dem Jahr 2004 und zugleich ein Mahnmal des Jugoslawienkrieges. Sie wurde 1991 bei den Auseinandersetzungen zerstört, um Zadar und Umgebung zu isolieren. Heute ist die Brücke wieder zur Verkehrsader geworden.
In Posedarje sollten vor allem Fleischfans einen kurzen Stopp einlegen, denn bei **PRŠUT-POSEDARJE** *[Dragana Klanca-Dadele b.b., 23242 Posedarje, Tel. +385 23 26 64 70]* wird hervor-

den letzten Jahren einen Aufschwung. Mehr und mehr Menschen entdecken ihn als Oase jenseits des Massentourismus. Nicht zuletzt weil die Spieler der deutschen Fußball-Nationalmannschaft nach ihrem WM-Sieg 2014 ihren Urlaub in den drei Luxus-Villen verbrachten, die Spieler Mats Hummels hier besitzt und vermietet.

Römische Ruinen in Novigrad

Von Posedarje bietet sich ein kleiner Abstecher nach **NOVIGRAD** *[Touristen-Information, Trg kralja Tomislava 1, 23312 Novigrad, Tel. +385 23 37 50 51, www.novigrad-dalmacija.hr]* an. Der kleine Fischerort befindet sich gegenüber der Mündung des Zrmanja-Flusses in das Novigrader Meer, einem See, der sich zwischen dem Fluss und der Adria gebildet hat. Er ist teilweise sehr flach, was nicht nur gut zum Baden ist, sondern auch Muscheln gefällt, die sich hier ansiedeln und wiederum bei den Kroaten gern auf dem Teller landen. Vor allem abends entwickelt der Ort mit den beleuchteten Häusern an dem schmalen Fjord seinen Charme. Dann sind die alten Stadtmauern angestrahlt und Fischerboote tuckern auf dem Wasser.

Grandioser Ausblick von der alten Festung Castrum Novum bei Novigrad

Auf einem Berghang über der Stadt dominieren die Ruinen der alten Festung Fortica. Die Stadt Novigrad bekam ihren heutigen Namen nach dem Wiederaufbau der damaligen römischen Festung **CASTRUM NOVUM** im Jahr 1220. Von den Ruinen eröffnet sich ein traumhafter Ausblick auf das Meer, die Berge und die gesamte darunterliegende Stadt.

Süßwasserseen und gefiederte Gäste
Nun führt der Weg endlich ans Meer, zurück nach Posedarje und von dort aus über die Straße Nr. 106 via Rtina über die Brücke nach **PAG**.
Die Insel selbst gehört zu den kargen Eilanden, was ihr einen eher spröden Charme verleiht. Doch es lohnt sich, hier genauer hinzuschauen und die Besonderheiten zu entdecken. Ein erster Stopp bietet sich am ornithologischen Reservat **VELO BLATO** an. Dort befinden sich Süßwasserseen, die den Zugvögeln als letzter Stopp in Südosteuropa dienen, bevor sie das Mittelmeer überqueren. Besonders im Frühjahr und im Herbst lassen sich die rastenden Gäste dort beobachten. Die Süßwasserseen bleiben aber für mehr als 160 Arten von Wasservögeln ein ideales Zuhause. Gespeist

Spitze aus Pag

Die lange, karge Insel Pag ist vor allem für ihre Spitzenklöppelei in aller Welt bekannt. Bis heute fertigen einige Frauen diese filigranen Fadenwerke per Hand. Mit etwas Glück kann man ihnen dabei zusehen, wenn sie vor ihrem Haus im Schatten sitzen und die Fäden in rasender Geschwindigkeit übereinanderwerfen. Das Kunsthandwerk wurde einst wohl, so vermutet man heute, von Ordensschwestern des Benediktiner-Klosters ausgeübt. Erste Aufzeichnungen über die Klöppelei auf Pag stammen aus dem Jahr 1597. In der Altstadt von Pag-Stadt gibt es sogar ein Denkmal für die Spitzenkunst, und am Trg Kralja Kresimira informiert ein Spitzen-Museum (s. S. 66) über die Historie der Spitze sowie die einzelnen Muster und Werkzeuge. Übrigens ist die Spitze aus Pag inzwischen auch immaterielles Weltkulturerbe.

Salzlamm vom Pag

Pag ist eine Insel für Genießer, nicht nur wegen des berühmten Käses oder des frischen Brotes, sondern auch wegen einer ganz außerordentlichen Spezialität, dem **PAŠKI-LAMM**. Es zählt zu den besten seiner Art im Mittelmeerraum, weil es die Kargheit der Insel optimal nutzt: Das Salz des Meeres legt sich abends als Tau auf die Macchiapflanzen und wird später von der Sonne zu einer feinen weißen Kruste getrocknet. Die Lämmer fressen diese gesalzenen Pflanzen, was ihrem Fleisch ein außergewöhnliches Aroma verleiht.

werden die Karstseen von einer unterirdischen Quelle. Mit etwas Glück lassen sich sogar Bienenfresser beobachten. In Sichtweite der Straße nach Povljana befindet sich ein Beobachtungshäuschen – ein schöner Zwischenstopp für Familien.

Heilschlamm

POVLJANA im westlichen Zipfel von Pag ist ein kleiner Fischerort mit fruchtbarem Boden und Quellen, sodass Landwirtschaft hier bis heute gern betrieben wird. Im Westen befindet sich ein See mit Heilschlamm, der **SEGAL-SEE**. Anwendungen mit Schlamm sollen sich positiv auf Haut und Gelenke auswirken. Es ist aber auch schön, einfach ein wenig spazieren zu gehen. Ganz in der Nähe liegt der Dorfstrand **STARA POVLJANA**, an dem sich ein kurzer Erfrischungsstopp lohnt, bevor es weitergeht in Richtung Pag-Stadt, dem Hauptort der Insel.

Pag-Stadt entdecken

PAG-STADT in der Mitte der Insel ist ein schöner Stopp für alle, die nicht nur nach Souvenirs und kleinen Spielzeugen schauen möchten, sondern auch, um sich bei einem Milchshake oder Kaffee eine nette Pause zu gönnen. Die Stadt liegt traumhaft schön umgeben von Meer, denn fjordähnlich reicht ein Adria-Arm bis hinter die Innenstadt – so meint man, wenn man die Karte anschaut. Aber hinter dem Wort Solana Pag verbirgt sich die große Saline der Insel und was aussieht, wie ein Meeresarm, sind Salzfelder. Die Saline wird heute noch betrieben, vornehmlich maschinell gesteuert. Wie mühsam die Arbeit einst war, um an das weiße Gold zu kommen, dokumentiert das **SALZMUSEUM** *[Prosika ul. 2, 23250*

Kroatische Hausmannskost

Auf blauen oder weißen Holzstühlen sitzen, aufs Meer schauen und ein Pager Salzlamm genießen – der perfekte Platz dafür ist die **KONOBA DIDOVA KUCA**. Die Käseplatte ist sensationell, Oliven & Co. kommen in getöpferten Schälchen auf den Tisch. *Šimuni 39, Insel Pag, 23251 Kolan, Tel. +385 23 69 72 19. Tägl. 13-23 Uhr.*

Platz Trg Kralja Kresimira in Pag mit der Basilika Kolegiata

Pag. Juli-Aug 10-13 und 19-23 Uhr. 15 HRK], das in einer alten Salz-Lagerhalle untergebracht ist.
Start eines Stadtrundgangs ist die Fußgängerbrücke, die in die Velika ulica führt. Dann geht man links in Richtung Zentrum und gelangt nach wenigen Metern auf den zentralen Platz **TRG KRALJA KRESIMIRA**. Dort befindet sich die Basilika Kolegiata sowie der Rektorenpalast. Das Gotteshaus stammt aus dem 15. Jahrhundert und wurde wie der Palast nebenan im kroatischen Renaissancestil errichtet – typisch dafür ist die Fensterrosette. Der Glockenturm des Gebäudes wartet allerdings bis heute auf seine Vollendung. Der Fürstenpalast daneben ist ebenso im schmucklosen venezianischen Stil errichtet und war einst eindrucksvolles Symbol der Herrschaft der Italiener. Ebenfalls am Platz gelegen ist das **SPITZEN-MUSEUM** *[Kralja Krešimira IV, im Sommer 18-21 Uhr. Eintritt frei]*. Nordwestlich des Platzes trifft man auf die Reste der alten Stadtmauer. Kinder lieben die Stadtmauer von Pag, die auf Belagerungen und Kämpfe schließen lässt – einfach durch die Stadt schlendern und auf Entdeckungstour an den Türmchen und Erkern gehen. Einen Besuch wert ist zudem das **FRAUENKLOSTER ST. MARGARETHEN**, es stammt aus dem Jahr 1843. Genießer freuen sich auf das Brot Baškotin, das dort noch in alter Tradition hergestellt und am Eingang des Klosters verkauft wird. Auch der Stadtturm **SKRIVANAT**, das einzige Überbleibsel von einst neun Stadttürmen, fasziniert Kleine wie Große vor der Kulisse der engen Gassen und des Meeres. Das eckige Gebäude wird auch gern als Veranstaltungsort für Konzerte und andere Events genutzt. Wer genug herumgelaufen ist und sich nach einer kleinen Pause sehnt, bucht im Hafen von Pag vielleicht noch eine kleine Bootstour entlang der Bucht.

Der Olivenhain von Lun

Auf Pag gibt es einen botanischen Schatz, von dem man bis heute nicht genau weiß, wie wertvoll er eigentlich ist. In dem kleinen Dorf Lun befindet sich ein besonderer Olivenhain mit Bäumen, von denen wohl einige schon älter als 1.500 Jahre sind. Nicht nur für Kinder unvorstellbar alt. Die knorrigen Stämme anzufassen und die Wuchsformen zu betrachten ist ein einmaliges Erlebnis.

Käse von der Insel Pag

Der beste Käse des Landes, so sagt man, kommt von der Insel Pag, auf der es mehr Schafe als Einwohner gibt. Der Käse reift lange, bevor er als Paški Sir die Geschäfte erreicht. Er schmeckt würzig, hat ein einzigartiges Aroma und ist eigentlich überall im Land zu haben. Am besten mundet er übrigens mit einem Schluck Rotwein und etwas Weißbrot beim kleinen Picknick am Meer. Kulinarische Mitbringsel von der Insel Pag sind auch der vorzügliche Schinken, Salbeihonig und saftige Oliven.

Klein Ibiza im Norden der Insel
Wer von der Insel Pag mehr sehen und den Tag am Strand ausklingen lassen will, schließt einen Abstecher in den Norden an. Es geht auf der Straße 106 entlang zum Partyort **NOVALJA**, der vor allem bei jungen Menschen sehr angesagt ist. Die Fahrt auf der Serpentinenstraße ist beeindruckend. Novalja ist das „Ibiza Kroatiens" und der Partystrand **ZRCE** über die Grenzen hinweg berühmt. Familien zieht es eher zum **PLANJKA TRINCEL BEACH** mit einem großen Angebot an Kinderbelustigung, Spielplätzen und Bistros. Auf dem Weg in den Norden finden sich weitere schöne Strände für die Kleinen, etwa **BABE** oder **JADRA**. Am nördlichsten liegt **MATA**, wo sich am Meer Olivenbäume als Schattenspender anbieten.

Der Partystrand Zrce lockt jedes Jahr Tausende Urlauber auf die Insel Pag

Tour 8: Zwischen karibischem Flair und ruhigen Seen

ZADAR • VRANA-SEE • PAKOŠTANE • BIOGRAD NA MORU • PIROVAC • VODICE • ŠIBENIK

WO: *Norddalmatien* – **WIE:** *Zu Fuß, per Rad und Auto* – **DAUER:** *Ein- oder Zweitagestour mit Abstechern* – **NICHT VERGESSEN:** *Sonnencreme, Sonnenhut, Schwimmsachen*

Fast wie marmorierte Streifen aus Land und Meer wirkt die Landschaft um **ZADAR** *[Touristeninformation, Jurja Barakovića 5, 23000 Zadar, Tel. +385 23 31 61 66, www.zadar.travel]*. Tatsächlich ist man hier fast komplett von Wasser umgeben: Auf der einen Seite das Adriatische Meer, auf der anderen der Kanal. Kein Wunder, dass die Stadt als Hafenstadt eine wichtige Rolle an der kroatischen Küste spielt. Schon bei den Römern übrigens, die hier auch im 2. Jahrhundert v. Chr. ein Kapitol errichtet haben. Bis heute ist der römisch-italienische Einfluss in der Architektur spürbar, auf dem Wasserweg war man dem reichen Venedig eben immer sehr nah.

Die roten Dächer von Zadar

Lecker essen in Zadar

Kroatische Gastfreundschaft, gepaart mit Kinderfreundlichkeit – das bietet die traditionelle **KONOBA BONACA**. Hier kommen Meeresfrüchte in riesigen Portionen auf den Tisch, die Kleinen freuen sich über Pizza und Pasta. Besonders schön sitzt man auf der Terrasse. *Trg Tri Bunara 4, 23000 Zadar, Tel. +385 23 77 92 62. Tägl. 11-23.30 Uhr.*

Vom Wasser aus schön

Nähert man sich Zadar vom Wasser aus, wird der Besucher mit dem schönsten Anblick auf die Stadt belohnt: Wie eine Insel ragt sie ins Meer, umfasst von venezianischen Mauern. Diese kleine Festung war einst nur über ein Tor mit Zugbrücke zu begehen. Das Landtor ist übrig geblieben und empfängt heute die Besucher der Altstadt. Es ist bewusst angelehnt an einen Triumphbogen, um die Macht der Venezianer zu demonstrieren, und stammt von 1543. Vor dem Tor liegt ein kleiner Park, außerdem der alte Fischerhafen Foša am Fuße des Bauwerks. Von dort aus geht man am besten nach rechts zum Platz der fünf Brunnen, einst eine lebenswichtige Einrichtung, die der Bevölkerung noch bis ins 19. Jahrhundert hinein Trinkwasser garantierte. Die meisten Bauten stammen aus dem 16. Jahrhundert. Vom Brunnenplatz fällt der Blick auf einen Turm, es ist der Turm des ehemaligen Stadtkommandanten. Daran schließt sich die **GRIMANI-BASTION** an, ebenso wie der Marktplatz, auf dem mit etwas Glück die Stände regionale Spezialitäten verkaufen: Käse aus Pag, Kirschwein aus der Gegend sowie Feigen, Pfirsiche und Tomaten von den örtlichen Bauern. So gestärkt lohnt es, sich durch die Stadt treiben zu lassen, etwa zur Kathedrale St. Anastasia oder zum Franziskanerkloster.

An der Nordspitze zeigt sich die Altstadt von Zadar schließlich ganz zeitgemäß. Dort sorgt nicht nur die **MEERESORGEL** als modernes Kunstwerk bei den Besuchern für Staunen und Lauschen, denn die ständige Bewegung des Wassers und die dadurch erzeugten Luftströme bringen Röhren zum Klingen. Nicht das einzige moderne Kunstwerk, das mit der Kraft der Elemente arbeitet. Ein kleines Stück weiter ist eine runde Scheibe zu sehen, die tagsüber Sonnenenergie einfängt und nachts als blaues Licht wieder abgibt. Treffenderweise übrigens „Gruß an die Sonne" genannt.

Ob Paläste, Brunnen oder einfach nur die edle venezianische Bauweise, es gibt viel zu schauen in Zadar. Wer mit seinen Kindern mehr Zeit in der Stadt verbringen möchte, dem sei das **PUPPENTHEATER** ans Herz gelegt *[Sokolska 1, 23000 Zadar, Tel. +385 23 31 91 81, www.klz.hr. Aufführungen sonntags 11 Uhr. Eltern haben freien Eintritt, Kinder 30 HRK]*.

Mit dem Fahrrad um den See

Von Zadar aus führt unsere Strecke nun mit dem Auto weiter zum **VRANA-SEE**. Er ist der größte See Kroatiens und befindet sich nur etwa einen

Pakoštane liegt direkt an der dalmatinischen Adria

Kilometer vom Meer entfernt. Da der See mit dem Meer verbunden ist, ist er kein reiner Süßwassersee, es lässt sich auch ein Salzanteil nachweisen. 30 Quadratkilometer misst Kroatiens größter See an Fläche. Auch wenn er denselben Namen trägt wie der See auf Cres, ist der Vrana-See bei Zadar nicht mit seinem Namensvetter auf Cres zu verwechseln. Rund 15 Kilometer Länge misst der See und da die Landschaft hier flach ist, eignet sich der Uferweg ideal für Fahrradtouren. Ob die Kleinen die 40 Kilometer einmal rund um den See schaffen, bleibt aber fraglich. Familien, die hier eine Radtour einschieben möchten, wählen deshalb besser nur eine Teilstrecke. Als guter Startpunkt für Radtouren um den See bietet sich zum Beispiel **PAKOŠTANE** an. *[Fahrradverleih in Pakoštane: www.dalmatiaadventures.com oder www.dalmaturist.hr]*.

Nahe der Tankstelle in Pakoštane gibt es eine Abzweigung zum See, wer rechtsherum geht, erreicht bald einen Aussichtspunkt, von dem aus sich ein guter Überblick über die Einzigartigkeit dieser Landschaft ergibt: Berge im Hintergrund, das Meer im Rücken und der große See direkt zu Füßen. Alles nur wenige Kilometer voneinander getrennt, scheinen die Landschaften ineinanderzufließen. Macchia wechselt sich mit lichten Wäldern ab und sorgt immer wieder für schöne Blicke auf das Wasser.

Der Vrana-See mit seinem milden Klima und dem reichen Nahrungsangebot bildet ein ideales Refugium für Vögel. Mehr als 100 Vogelarten haben ihn als Nistplatz gewählt, mit Zugvögeln wurden hier insgesamt mehr als 230 Arten gezählt. Wer Lust hat, die Vögel im Ornithologischen Reservat zu beobachten, kann sich einer Führung anschließen oder Purpur- und Silberreiher auf eigene Faust entdecken. Der **ORNITHOLOGISCHE LEHRPFAD** beginnt am Informationszentrum Crkvine *[Crkvine, 23211 Pakoštane, Tel. +385 23 38 31 81, www.pp-vransko-jezero.hr, Eintritt Naturpark Erw. 20 HRK, Kinder 10 HRK]*.

Höhlen von Cerovac

Etwas weiter im Landesinneren befindet sich beit Gračac ein altes Höhlensystem. Tropfsteingebilde und unterirdische Säle ziehen sich durchs Velebit-Gebirge. Es ist das größte Höhlensystem Kroatiens und war einst die Residenz des prähistorischen Höhlenbären. Eine Tour durch die Höhlen ist spannend – vor allem für wissensdurstige Kinder.
CEROVACKE PECINE,
Park Sv. Jurja 1, 23440 Gračac, Tel. +385 23 77 30 52. April-Nov 10-18 Uhr. 50 HRK.

Zu Gast im Fledermaushotel

Ein ganz besonderer Stopp ist das **FLEDERMAUSHOTEL** *[Unnamed Road, 23211 Drage, Tel. +385 91 576 13 55. Kernöffnungszeiten 13-20 Uhr]*. Auch wenn es klingt wie eine Unterkunft für Tiere, ist es ein sehr naturnahes Gebiet, das nicht nur über einen schönen Strand und Zugang zum See verfügt. Ebenso gibt es ein Restaurant, in dem man auf Strohballen an selbst gezimmerten Tischen sitzt, fast direkt am See, unter herrlich schattigen Bäumen. Alte Werkzeuge hängen an den Wänden, die Gulaschkanone steht mitten in der Küche und das selbst gebackene Brot kommt aus dem Steinofen – märchenhaft schön. Das Essen ist regional, aus eigener Herstellung und über Holzkohle gegart. Wer es noch abenteuerlicher sucht, mietet sich einen Wohnwagen auf dem Gelände und bleibt über Nacht.

Ab an den Strand

Nach so viel Natur ab ans Wasser? Kein Problem, wer nicht im See baden möchte, wählt den Strand **BOŠANA** im nordwestlichen Teil von **BIOGRAD NA MORU** *[Touristeninformation, Trg hrvatskih Velikana 2, 23210 Biograd na Moru, Tel. +385 23 38 31 23, www.tzg-biograd.hr]*. Der Ort an sich ist sehr dörflich und liegt wie Zadar malerisch auf einer Halbinsel. Strände und eine kleine Altstadt gibt es auch hier zu erleben, doch gerade mit kleineren Kindern sollten Eltern immer im Auge behalten, dass es in Šibenik ebenfalls viel zu sehen gibt – dann lieber etwas Puste aufsparen. Von Biograd führt unsere Tour weiter nach **PIROVAC**, einem kleinen Fischerörtchen, in dem sich ein Stopp lohnt. Hier kann man auch heute noch wunderbar Fisch essen oder aber am langen **STRAND LOLIC** baden. Dalmatien zeigt sich in diesem Küstenabschnitt ganz typisch von seiner zerklüfteten und schönen Seite. Übrigens gibt es in Pirovac eine Stelle, an der nicht nur Kinder gern mit Matsch herumpanschen: Die Maikirina-Bucht ist für ihren Heilschlamm berühmt.

Das idyllische Dörfchen Pirovac

Von dort aus lohnt sich noch ein weiterer Stopp in **VODICE** mit seiner Uferpromenade. Spannend ist der dreistöckige **TURM CORIC**, der aussieht wie einer Fantasygeschichte entschlüpft, so verwinkelt, wie er errichtet ist. Er stammt aus dem 17. Jahrhundert wie viele Bauten des Ortes. Wer länger die Gegend anschauen möchte und vielleicht mehrere Tage Zeit hat, sollte über einen Besuch der Krka-Wasserfälle (s. S. 100) nachdenken oder eine der vorgelagerten Inseln näher erforschen.

Schönes Šibenik

Unsere Fahrt aber geht weiter nach **ŠIBENIK.** Viele Kroatien-Kenner ziehen Šibenik dem viel größeren Dubrovnik vor, das vor allem in den Sommermonaten voll mit Kreuzfahrturlaubern ist. Šibenik schmiegt sich terrassenförmig an einen 70 Meter hohen Felsen, der malerisch ins Meer

Falkenzentrum von Šibenik

Auge in Auge mit den schnellsten Greifvögeln der Welt sein oder sie gar majestätisch fliegen sehen – das können Besucher des **FALKENZENTRUMS.** Es liegt 7 Kilometer außerhalb von Šibenik und bietet nicht nur Vorführungen, sondern bildet auch Nachwuchsfalkner aus. Ein weiteres Thema der Arbeit besteht in der Pflege verletzter Greifvögel, die beim Jagen oder Fischen immer mal verwundet werden können und im Zentrum aufgepäppelt werden.
Škugori bb, 22000 Dubrava kod Šibenika, www.sokolarskicentar.com. Tägl. 10-17 Uhr.

Die Festung des Heiligen Ivan in Sibenic, Drehort der Serie „Game of Thrones"

ragt. Hauptattraktion in Šibenik ist der **DOM DES HEILIGEN JAKOV** *[Trg Republike Hrvatske 1, 22000 Šibenik]*, er steht sogar auf der Weltkulturerbe-Liste und stammt aus dem 15. Jahrhundert. Der Turm leuchtet wie eine weiße Mütze aus dem Häusermeer mit den roten Dächern hervor. Der Marmor des Gebäudes stammt übrigens von der Insel Brač. Ein weiteres Sakralgebäude, das den Besuch lohnt, ist das **KLOSTER DES HEILIGEN LOVRO**, vor allem des prächtigen Gartens wegen *[Trg Republike Hrvatske 4, 22000 Šibenik, Tel. +385 22 21 25 15. Winter 9-16, Sommer 8-23 Uhr]*.

Durch schmale Gassen
Mit 2.851 Treppenstufen, die in kleinen Gassen durch die Altstadt führen, verbreitet Šibenik einen ganz besonderen Charme. Insgesamt findet man 24 Kirchen, 4 Festungen und 4 Brunnen. Das weckt die Abenteuerlust der Kinder – und lässt die Erwachsenen von Filmkulissen träumen. Die im 16. Jahrhundert erbaute **FESTUNG DES HEILIGEN IVAN** *[Ul. Sedmog kontinenta 27, 22000 Šibenik]* etwa kommt in der 5. Staffel der Serie „Game of Thrones" (s. Kasten S. 12) vor. Die **FESTUNG SV. NIKOLA** wurde als dreieckiges Bollwerk und eigene Insel vor dem Šibeniker Hafen im Meer erbaut und war somit ein unüberwindbares Hindernis für Angriffe vom Wasser aus. Und wer die **FESTUNG SV. MIHOVIL** *[Zagrađe 21, 22000 Šibenik, Tel. +385 914 97 55 47. Tägl. 9-16 Uhr]* erklommen hat, genießt einen wunderbaren Blick über die Stadt. Abkühlung nach diesem anstrengenden Rundgang verspricht der sanft abfallend Strand bei Banj (s. S. 26).

Die schöne lange Insel Dugi Otok

Felsen und Sandstrand in einem – das findet man in Kroatien eher selten. Umso faszinierender ist die **INSEL DUGI OTOK**, die von Zadar aus mit der Fähre zu erreichen ist. Sie ist ein perfektes Ziel für Familien, weil sich auf dem kleinen Archipel viel unternehmen lässt. Da wären etwa Kajakfahrten in der Bucht Telašćica, die sich auch schon mit Grundschulkindern gut machen lassen. Oder einfach ein Badeurlaub am Strand – hier kann man sich einfach nur ins flache Wasser legen und träumen. Die lange Insel, wie sie oft genannt wird, weil ihr Name sich so wörtlich übersetzen lässt, mutet an manchen Stellen fast karibisch an. Schönster Strand, da sind sich wohl alle einig, ist Sakarun bei Božava, von dort fährt regelmäßig eine kleine Bimmelbahn zum Strand.
Aber auch die Tropfsteinhöhle Strašna peć oder der Mir-See (s. Kasten S. 24) sind ein Abenteuer für sich.
TOURISTENINFO, *Obala Petra Lorinja bb, 23281 Sali, Tel. +385 23 37 70 94, www.dugiotok.hr.*
FÄHRE, *www.jadrolinija.hr, mehrmals täglich von Zadar nach Brbinj (Insel Dugi Otok), ca. 1,5 Std. Fahrt, Erw. 30 HRK, Kinder (3-12 J.) 15 HRK, PKW 160 HRK.*

Tour 9: Von Kaisern und goldenen Füßen

SPLIT

WO: *Split* – **WIE:** *Zu Fuß* – **DAUER:** *Tagestour* – **NICHT VERGESSEN:** *Sonnencreme, Sonnenhut, bequeme Schuhe, Geld für Souvenirs*

Wer mit Kindern die Landkarte Kroatiens studiert und **SPLIT** *[Touristeninformation, Obala Hrv. narodnog preporoda 9, 21000 Split, Tel. +385 21 34 86 00, www.visitsplit.com]* sucht, wird schnell fündig: der Ort, an dem sich die Landzungen wie zwei Krebsscheren dem dalmatinischen Gebirge vorlagern. Bei dieser Lage ist es kein Wunder, dass Split als natürlicher Hafen auf eine lange Tradition zurückblicken kann. Etwa 1.700 Jahre alt ist die Stadt, die nur deswegen entstand, weil ein römischer Kaiser sich dort einen Altersruhesitz errichten ließ. Ob er die Nase voll vom Regieren hatte oder schlichtweg Heimweh nach seinem Geburtsland, lässt sich heute kaum noch rekonstruieren. Fest steht

Split, die malerische Küstenstadt, ist nach Zagreb zweitgrößte Stadt Kroatiens

Live Museum Split

Geschichte ist immer interessanter und vor allem greifbarer, wenn sie nicht in Büchern daherkommt, sondern als spannende Theatervorführung. Das haben sich die Macher des **LIVE MUSEUMS SPLIT** auch gedacht. In der Bastion aus dem 17. Jahrhundert wirbeln deswegen heute mehr als 50 Menschen in Gewändern aus der römischen Zeit umher und spielen Szenen aus dem Alltagsleben der Römer nach. *Ul. kralja Zvonimira 17, 21000 Split, Tel. +385 981 35 90 47. Tägl. 10-14 Uhr.*

aber, dass Diokletian der erste römische Kaiser war, der freiwillig aus dem Amt ausgeschieden ist. Und weil man es im Alter ja gern schön hat, ließ er sich einen Palast dort errichten, wo er von vielen Stellen aus aufs Wasser blicken konnte, nämlich auf der Landzunge, die heute die Stadt Split beherbergt. Möglicherweise wäre es auch ohne den Palast zu einer Stadt an dieser Stelle gekommen, aber das ist nun einmal das Besondere an Split – es ist aus dem kaiserlichen Palast heraus entstanden.
Für dieses Mammut-Bauvorhaben strengten sich die Handwerker an und errichteten in rekordverdächtigen 10 Jahren den rund 30.000 Quadratmeter großen Komplex. Dafür nahmen sie vor allem Kalkstein der Insel Brač und mauerten daraus rechteckige Hallen, Häuser, Wandelgänge und ein Mausoleum, denn der Kaiser wollte auch dort begraben werden.
Der Palast bekam eine beeindruckende Größe, wie nur ein Kaiser sie planen kann, der stets militärische Strategien im Hinterkopf hat. Wer sonst würde auf die Idee kommen, seinen Wohnsitz wie einen Militärposten aufzubauen, der deutlich von einer Quer- und einer Längsstraße gegliedert wird? Perfekt für Paraden oder Aufmärsche eben. Trutzige Mauern, unterbrochen von vielen Türmchen, umschlossen die Anlage einst, nur zum Meer hin öffnete sich der Blick etwas mehr und der Kaiser konnte dort unter schattigen Arkaden auf seiner Mauer wandeln. Insgesamt 8 Jahre residierte er hier bis zu seinem Tod. Ein monumentales Zeugnis ehemaliger Macht und Staatsgröße, für dessen Besichtigung Familien sich Zeit nehmen sollten.

Der Diokletianpalast in Split

Zentrum des **DIOKLETIANPALASTES** *[Dioklecijanova ul. 1, 21000 Split, Tel. +385 98 25 16 10]* ist heute das Peristyl, der Hof der Anlage ist gesäumt von arkadenartigen Gängen. Dass die Gäste sich hier klein gefühlt haben und der Hausherr und Kaiser, der sie an dieser Stelle einst empfing, umso größer, wird schnell klar, wenn man dort steht. Heute haben sich dort Cafés niedergelassen, die zu einer Pause einladen. Im **CAFÉ LUXOR** *[Ul. Kraj Svetog Ivana 11, 21000 Split, Tel. +385 21 34 10 82. Tägl. 8-24 Uhr]* lässt sich auf dem Boden noch der Grundriss des einstigen Venus-Tempels erkennen, doch schöner sitzt man draußen auf den Treppenstufen bei einem Käsekuchen und Schokolade. Besser erhalten als der Venustempel ist der Jupitertempel gegenüber. Er wird von einer kleinen Sphinx bewacht. Kinder können sich an den Steinmetzarbeiten des Portals gar nicht sattsehen, im Inneren des Gebäudes locken eine Kassettendecke sowie das Taufbecken Besucher an.

Stadtstrand in Split

Wer die Nord- oder Ostseeweiten gewöhnt ist, wird zunächst etwas überrascht sein, wie klein kroatische Strände sein können. Dennoch: Mit Familie ist zwischendurch baden ein Muss. In Split bietet sich dafür der Stadtstrand **BACVICE** an. Er liegt nah an der Innenstadt, trägt aber die Blaue Flagge und ist sogar barrierefrei. Nicht nur das Wasser sorgt für Action, sondern auch Trampoline und Rutschen, die dort aufgebaut sind.

In die Gemächer
Nun führt die Tour weiter durch das Vestibül zu den kaiserlichen Privatgemächern. Sie waren einst von Bauabfällen und Müll verschüttet und wurden erst in den 1950er-Jahren wieder freigelegt. Heute zeigen die 50 Gemächer und Räume, wie viel Platz das Leben eines Kaisers einnahm – oder auch vereinnahmte. Obwohl dieser Teil ebenerdig liegt, wird er als Keller bezeichnet und ist heute beliebter Platz für Ausstellungen und Festivitäten. Übrigens, das Vestibül ist ein Platz, um sich ausgiebig mit den Kleidungsgewohnheiten der Kroatien zu befassen: Es sind

Die Kathedrale von Split

Kostüme und Trachten aus Dalmatien zu sehen – sie machen nur einen Teil der Sammlung des dort residierenden **ETHNOGRAFISCHEN MUSEUMS** aus. Schmuck und Hausrat sind ebenso eindrucksvoll – nicht nur für kleine und große Mädchen *[Severova 1, 21000 Split, Tel. +385 21 34 41 64, www.etnografski-muzej-split.hr. Winter Mo-Sa 10-15 Uhr, Sommer 9.30-20.30 Uhr. Erw. 20 HRK].*
Gleich neben den Gemächern und dem Vestibül befindet sich die **KATHEDRALE SVETI DUJE**, die auf dem achteckigen Grundriss des einstigen kaiserlichen Mausoleums errichtet wurde. Es wurde im 7. Jahrhundert einfach umgewandelt und nach und nach zur Kathedrale verändert. Dort heißt es Treppen steigen, vor allem der Glockenturm aus dem 13. Jahrhundert will erobert werden. Von ihm aus bietet sich ein schöner Panoramablick über die Stadt und ihre Dächer, deren Ziegel teilweise noch aus römischer Zeit stammen. Weiter führt der Weg zum **GOLDENEN TOR**, dort sind Kinder fasziniert von den goldglänzenden Zehen an der Statue des Gregor von Nin. Der Bischof hat sich im Mittelalter dafür stark gemacht, die slawische Sprache während der Gottesdienste zu pflegen. Das bringt ihm bis heute Anerkennung – wer seine Zehen berührt oder gar küsst, soll mit Glück gesegnet sein. Und anscheinend suchen viele Menschen bis heute das Glück an den Zehen des Bischofs. Der Palast ist die Keimzelle des antiken Split, um ihn herum ist die Stadt gewachsen, die heute heimliche Hauptstadt von Dalmatien ist. Und in der es noch viel mehr zu erobern gibt als den Palast.
Wie wäre es mit einem Abstecher auf den Wochenmarkt? Er liegt an der östlichen Mauer des Diokletianpalasts und lädt zum Schwelgen zwischen saftigen Orangen, Feigen, knallroten Tomaten und zarten Pfirsichen ein. Einige der Bauern verkaufen ungespritztes Obst aus dem eigenen Garten und wiegen es noch mit alten Gewichten ab – ein herrliches Ritual nicht nur für Kinder, die auf diese Art übrigens das Prinzip einer Waage besser begreifen als bei der digitalen Variante. Reicht die Puste noch für weiteren Trubel, wäre ein Bummel auf der Stadtpromenade Riva mit ihren Straßenmusikern, inspirierenden Pflasterkünstlern und duftenden Cafés eine Option.

Abseits der Massen

Gemütlich in einem schattigen Innenhof jenseits der Touristenmassen sitzen Familien im **RESTAURANT PORTOFINO.** Das Essen wird hübsch angerichtet und das Preis-Leistungs-Verhältnis stimmt auch.
Poljana Grgura Ninskog 7, 21000 Split, Tel. +385 913 89 77 84. Tägl. 13-23 Uhr.

Auf den Berg

Grün gibt es im Naherholungsgebiet **MARJAN**, dem grünen Berg der Stadt, dessen Spitzen bis zu 178 Meter in den Himmel ragen. Beim Wandern können Familien sich nicht nur vom Pflastertreten erholen, sondern auch Kirchen, Trimm-dich-Pfade und Spielplätze erkunden. Den kleinen

Zoo sollten Familien getrost links liegen lassen und stattdessen lieber die Klettergerüste der Spielplätze voll auskosten oder den Duft der Zitronenbäumchen im Park.
Übrigens war der Stadtberg einst auch kahl gerodet, weil die Einheimischen Holz für Schiffbau und Heizungen brauchten. Erst im Jahr 1852 haben sie sich besonnen, dass solch ein Raubbau nicht die nachhaltigste Lösung darstellt, und mit der Wiederaufforstung begonnen. Ein Vorhaben, das sich ausgezahlt hat, denn heute ragt der Berg wie eine grüne Mütze aus der Stadt empor. Es lohnt sich, nicht nur die Kirchen mit ihren Heiligenschreinen anzuschauen, sondern zudem auch das **KASTELL** und die angeschlossene **KUNSTGALERIE MEŠTROVIC** *[Šetalište Ivana Meštrovića 46, 21000 Split, Tel. +385 21 34 08 00. Di-Sa 9-16 Uhr, So 10-15 Uhr, Mo geschlossen].*

Ausflug nach Omiš

Die Kleinstadt liegt etwa 25 Kilometer entfernt von Split und ist nicht nur durch ihre zauberhaften Strände berühmt geworden, sondern vor allem aufgrund der Cetina-Mündung. Abenteuerlustige Familien können hier Rafting-Touren über den wilden Fluss buchen oder – etwas ruhiger – mit dem Kajak die Umgebung erkunden.
CETINA-TOURS, *Srijane, Tel. +385 98 67 83 43. 3-4 Std., Erw. ca. 200 HRK.*

Ausflug auf die Insel

So ein Stadtbummel macht Eltern und Kinder gleichermaßen müde. Doch wer schon mal in der Gegend ist, sollte sich eines der bekanntesten Wahrzeichens Kroatiens auf keinen Fall entgehen lassen: Die **INSEL BRAC** mit dem berühmten Strand Zlatni rat (Goldenes Horn, s. S. 27) ist nur eine Fährfahrt von Split entfernt. Perfekt, um sich auf dem Boot etwas vom Stadtbummel zu erholen, den Blick in die Ferne schweifen zu lassen und die Mini-Kreuzfahrt zu genießen. Ein Katamaran bringt die Gäste (ohne Auto) direkt nach Bol, dem Ort, der dem Goldenen Horn am nächsten liegt.
FÄHRLINIE JADROLINIJA, *Riva 16, 51000 Rijeka, Tel. +385 51 66 61 11, www.jadrolinija.hr. Fahrpreis 40 HRK. Die Überfahrt dauert etwa 50 Minuten.*

Familien, die es nach Kultur dürstet, steuern das **ARCHÄOLOGISCHE MUSEUM** an *[Ul. Zrinsko Frankopanska 25, 21000 Split, Tel. +385 21 32 93 40, www.armus.hr. Mo-Sa 9-14 u. 16-20 Uhr, So geschl. Erw. 20 HRK, Kinder 10 HRK]*. Nicht nur die Münzsammlung, die alten Steininschriften und Statuen sind sehenswert, auch das palastähnliche Gebäude selbst mit seinen Gartenanlagen ist perfekt für einen Ausklang in dieser geschichtsträchtigen Stadt.

Tour 10: Mächtige Festungen und Piratengeschichten

DUBROVNIK

WO: *Dubrovnik* –
WIE: *Zu Fuß* –
DAUER: *Tagestour* –
NICHT VERGESSEN: *Gute Schuhe, Trinkwasser, Stadtplan oder digitale Karte; Literatur über Dubrovnik vorher lesen und während des Bummelns auf der Stadtmauer erzählen*

Eine echte Bilderbuchstadt – das ist **DUBROVNIK** mit ihrem Festungscharakter. Nicht umsonst gilt sie auch als Perle der Adria und schönste Stadt der gesamten Küste. Wer einen Rundgang startet, sollte sich nach ungewöhnlichen Zeiten richten, denn Dubrovnik ist vor allem bei Kreuzfahrten ein beliebtes Ausflugsziel. Daher kann es tagsüber sehr voll werden, was vor allem mit kleineren Kindern immer ungünstig ist.

Zeitreise zu den Rittern

Startpunkt unserer Tour ist die Festung **LOVRIJENAC** *[Ul. od Tabakarije 29, 20000 Dubrovnik, Tel. +385 20 63 88 00. Tägl. 8-19.30 Uhr]*, dort verschafft sich die Familie zunächst einen Überblick über das, was es in den nächsten Stunden zu erkunden gibt. Die Festung liegt außerhalb der Stadtmauern und geht zurück auf das 11. Jahrhundert. Sie thront auf einem 37 Meter hohen Felsen und erinnert in ihrer Formgebung an ein Bügeleisen, da die dreieckige Grundfläche sich gen Meer neigt. Ein idealer Ort einst, um die Stadt gegen feindliche Angreifer zu verteidigen. Das fanden auch die venezianischen Herrscher und planten im 11. Jahrhundert, dort eine große Festung

Die berühmte Festung von Dubrovnik

zu errichten, mit der sie Kroatien beherrschen wollten. Doch die Kroaten erfuhren von dem Vorhaben und waren schneller. Sie errichteten an der Stelle selbst eine Zitadelle – man sagt, sie brauchten nur 3 Monate dafür. Von Lovrijenac aus hatten die Soldaten alles gut im Blick und konnten sich hinter den dicken Mauern mit den kleinen Schießscharten ideal verstecken. Manche der Wände sind bis zu 12 Meter dick, jedenfalls auf der Meerseite. Zum Land hin zeigt sich der Bau weniger wehrhaft und steinern. Bis heute sind dort die Kanonen zu bestaunen, die von den 25 dort einst stationierten Soldaten genutzt wurden, um auf feindliche Schiffe zu schießen. Heute ist die Festung auch ein Symbol der Freiheit – im Sommer finden auch regelmäßig Theateraufführungen statt, etwa „Hamlet". Interessantes Randwissen: Die Festung kommt in der berühmten Fantasy-Serie „Game of Thrones" als Heimat des roten Bergfrieds vor (s. Kasten S. 12).

Es bleibt trutzig und wehrhaft, denn nächster Stopp der Tour ist das **PILE-TOR**, das sich über den Weg am Westhafen entlang gut erreichen lässt. Es ist eines der Stadttore von Dubrovnik, stammt aus dem 15. Jahrhundert und präsentiert sich in einem halbrunden Turm, der sich in ein inneres und ein äußeres Tor gliedert. Hier sehen Kinder auch die Konstruktion der Holzzugbrücke – sie ist heute durchgehend geöffnet und führt über einen tiefen Graben, ganz so wie die Festungen im Bilderbuch eben.

Weiter führt unser Weg von hier zu **STRADUN**, der beliebtesten Einkaufsstraße der Stadt. Während die Erwachsenen nach ausgefallenen Kleidungsstücken oder unnötigem Krimskrams für zu Hause linsen, haben die Kinder dort sicher nur Augen für die vielen Eisdielen, von denen eine Auslage schöner aussieht als die andere.

Filmreif: das Pile-Tor

Dubrovnik-City-Karte

Museumsbesuche können ganz schön ins Geld gehen. Deswegen ist es praktisch, sich eine **DUBROVNIK-CITY-CARD** zu kaufen, wenn man die Absicht hat, mehrere Museen der Stadt zu besuchen. Sie erspart nicht nur die langen Wartezeiten an manchen Attraktionen, sondern vergünstigt auch Eintrittspreise. Zudem berechtigt sie, die öffentlichen Busse zu nutzen.

www.dubrovnikcard.com. Die Karte kostet für einen Tag 171 HRK, Kinder (bis 12 J.) haben mit der Karte und 1 Erw. als Begleitung freien Eintritt.

Der Luža-Platz in der Altstadt von Dubrovnik

Mitten im Zentrum
Die Hauptschlagader Dubrovniks mündet in den **LUŽA-PLATZ**, er ist eine der wichtigsten Attraktionen der Stadt, denn dort vereinen sich viele bekannte Sehenswürdigkeiten. Das ehrwürdige Kopfsteinpflaster unter den Füßen, lohnt es sich, den Kopf in den Nacken zu legen und an den Portalen entlang nach oben zu schauen. Da wäre etwa die **ORLANDO-SÄULE**, die eigentlich eher Roland-Säule heißen müsste, denn sie wurde zu Ehren des gleichnamigen Ritters gesetzt. Wer Ritter Roland war? Sein Onkel war immerhin kein Geringerer als der berühmte Kaiser Karl der Große. Roland hat eine entscheidende Rolle gespielt, das damals christliche Ragusa, wie Dubrovnik einst hieß, gegen angreifende arabische Piraten zu verteidigen. An diesen Vorfall erinnert die Statue mit dem steinernen Ritter. Roland ist übrigens eine beliebte Figur, die Freiheit und die Stadtrechte symbolisiert. Der Ritter

Schmale Gassen

Dubrovniks enge Gassen sind nicht nur eine Herausforderung für Autofahrer. Wer einmal gesehen hat, wie eng und steil diese Sträßchen sind, wird ganz sicher keine Lust verspüren, die Stadt mit dem Auto zu erobern. Vor allem Besucher, die sich länger in Dubrovnik aufhalten und ein Apartment oder Ähnliches mieten, sollten sehr genau darauf achten, wo man parken kann (Vermieter fragen). Auch für Kinderwagen und Rollis ist die Stadt an vielen Stellen ungeeignet. Außerdem müssen Besucher immer damit rechnen, viele Treppen zu steigen, denn die Stadt ist am Hang gebaut. Also an entsprechendes Schuhwerk denken!

befindet sich in der Sichtachse zwischen der St.-Blasius-Kirche und dem **SPONZA-PALAST** *[Stradun 2, 20000 Dubrovnik, Tel. +385 20 32 38 87. Tägl. 8-18 Uhr]*. Der Palast entstammt dem 16. Jahrhundert und entwickelte sich mit seinen prachtvoll schattigen Arkadengängen zu einem Handelszentrum und Mittelpunkt des Geschäftslebens. Dort wurde das Geld in der Münze geprägt, Gelehrte tauschten sich über Sprache, Literatur und schöne Künste aus und auch die erste Schule der Stadt wurde hier eingerichtet. Der Palast ist eines der wenigen Gebäude, die trotz schwerer Erdbeben, etwa 1667, unversehrt blieben und das alte Dubrovnik zeigen. Wer den Kopf etwas dreht, sieht die **ST.-BLASIUS-KIRCHE** *[Luža ul. 2, 20000 Dubrovnik, Tel. +385 20 32 33 89]*,

Mit der Gondel über der Stadt

Panoramaplätze haben immer etwas Schönes – vor allem wenn man sie mit der Seilbahn erreicht. Der Hausberg der Stadt, Srđ, vereint diese beiden Qualitäten. Er ist gut 400 Meter hoch und von der Stadt aus in einer dreiviertelstündigen Wanderung zu erreichen – oder eben mit der Seilbahn.
DUBROVNIK CABLE CAR, *Petra Krešimira IV bb, 20000 Dubrovnik, Tel. +385 16 41 84 74, www.dubrovnikcablecar.com. Hin- und Rückfahrt Erw. 140 HRK, Kinder 60 HRK.*

Der Sponza-Palast mit der Blasius-Kirche

deren barocker Stil an die venezianische Herrschaft erinnert. Sie stammt aus dem Jahr 1715, nachdem der alte Bau im Jahre 1706 bei einem Feuer fast niedergebrannt war, bis auf die St.-Blasius-Statue. St. Blasius gilt als Schutzheiliger der Stadt und wer genau hinsieht, erkennt ein Modell von Dubrovnik in seiner Hand.
St. Blasius übrigens soll der Stadt im 10. Jahrhundert wichtige Dienste geleistet haben, denn er hat damals als Einziger erkannt, dass die Venezianer unter dem Vorwand, die Stadt mit Nahrungsmitteln zu versorgen, nur die Schwachpunkte der Siedlung ausspionierten. St. Blasius begriff die bösen Absichten und vertraute sich dem Pfarrer an, der die Spionage stoppen konnte.
Ob in diesem Fall die Glockenturmanlage, die dem Platz seinen Namen gab, auch Sturm läutete, ist nicht sicher. Luža wurde als Turmloge 1463 errichtet und war dafür da, etwa bei Feuer die Alarmglocken schlagen zu lassen. Unterhalb des Turmes liegt ein weiteres Stadttor.
In Dubrovnik befinden sich an jeder Ecke spannende Geschichten aus der Historie der Stadt. Am Platz sind zudem noch staatliche Schatzkammer, Rektorenpalast, Zollamt und, etwas entfernt, die Kathedrale zu bewundern. Zwischendurch sollte man einen Zwischenstopp im Café einlegen und sich eine kurze Erfrischungspause gönnen. Mit kleineren Kindern lohnt es sich, auch mal drinnen nach einem Platz Ausschau zu halten. Bekannt ist das **GRADSKA KAVANA ARSENAL** *[Ul. Pred Dvorom 1, 20000 Dubrovnik, Tel. +385 20 32 12 02, www.nautikarestaurants.com]* im etwas gehobenen Stil, das im Inneren seine erholsamen Qualitäten zeigt. Frisch gestärkt geht es weiter zum 2 Gehminuten entfernten **GUNDULIC-PLATZ**, fast ebenso bedeutsam wie der Luža-Platz. Am schönsten ist er in den frühen Morgenstunden, wenn dort der Wochenmarkt stattfindet und die Gemüsehändler die frischen Tomaten, Feigen, Granatäpfel oder Aprikosen zu Kunstwerken auftürmen. Kinder mögen vielleicht eher die Nachmittagsstunden, in denen sich die vielen Tauben dort gut aufscheuchen lassen.

Auf den Stadtmauern

Mit kleineren Kindern reicht dieser Mini-Stadtbummel völlig aus und man sollte sich nun schleunigst zu einem Spaziergang auf den Stadtmauern aufmachen. Das entspannt die Kinder, denn die Blicke reichen weit in die Ferne über das Meer – und gerade Geschwisterkinder oder Freunde können gemeinsam über die Mauern toben und sich Piratengeschichten ausdenken. Knapp

Ein Spaziergang auf der Stadtmauer

2 Kilometer lang kann man auf diesen alten Mauern laufen, ohne sich an den verschiedenen Anblicken der Stadt sattzusehen. Bester Startpunkt für die Mauertour ist das **HAFENTOR**. Für die **STADTMAUERN** muss man Eintritt bezahlen, aber es lohnt sich *[Gundulićevapoljana 2, 20000 Dubrovnik, Tel. +385 20 32 46 41, www.dubrovnik-heritage.hr. Erw. 120 HRK, Kinder 40 HRK]*, denn die Anlage ist das besterhaltene Verteidigungssystem in Europa und gilt in ihrer Art als einmalig. Eltern sollten an manchen Stellen schwindelfrei sein, denn die Mauer windet sich 35 Meter über der blauen Adria – sie ist aber gut mit dicken Balustraden gesichert. Die Eltern haben jetzt etwas Geschichte getankt und erzählen von Kanonen und Belagerungen. Ganze 15 Monate konnte die Stadt dank dieser starken Mauer den Angriffen der Sarazenen standhalten, als jene im 9. Jahrhundert versuchten, die Stadt zu erobern. Imposant ist auch das Sicherungssystem, das sich überall zeigt. Die dicken Mauern und die 120 Kanonen sind das eine. Aber wer weiß, dass die beiden Eingänge in die Stadt einst so konstruiert wurden, dass man sich durch gewundene Gänge kämpfen und mehrere Tore passieren musste, kann sich heute noch vorstellen, wie schwierig es war, die Stadt einzunehmen. Zuletzt wurde im Jugoslawienkrieg in den 1990er-Jahren um Dubrovnik gekämpft.
Wer genug Eindrücke hat und an diesem schönen Tag noch ein wenig im Meer planschen möchte, macht sich nun noch auf an den Stadtstrand **BANJE BEACH** (s. S. 28).

Mit den Fischen auf Du und Du

Der Blick in die Unterwasserwelt hat etwas Beruhigendes für aufgeregte Kinder, deshalb ist es eine gute Idee, in das **MEERESAQUARIUM** von Dubrovnik zu gehen. Es befindet sich in den Mauern der alten Festung von Sv. Ivan am Hafen und lockt mit Kraken, Muränen und Rochen, die zu schweben scheinen.
Das Aquarium hat sich auf die Fauna des Mittelmeers spezialisiert und zeigt den Kindern eindrucksvoll, was sich in den Tiefen des Ozeans verbirgt, wo das Wasser dunkler ist.
Kneza Damjana Jude 12, 20000 Dubrovnik, Tel. +385 20 32 39 78, www.imp-du.com. Tägl. 8-21 Uhr. Erw. 20 HRK, Kinder 10 HRK.

Badespaß am Banje Beach

4

DIE TOLLSTEN ATTRAKTIONEN FÜR KINDER

Die schönsten Wasserparks

AQUAPARK ISTRALANDIA

Manchmal reichen Kiesel und Meerwasser nicht, da müssen es Rutschen und spaßige Swimmingpools sein. Kroatiens Antwort auf diese Nachfrage heißt Aquapark – und zu den ersten Vergnügungszentren dieser Art zählt der Aquapark bei Novigrad. Er wurde 2014 eingeweiht und war damals der erste Wasserpark des Landes. Dort ist für alle Bedürfnisse gesorgt. Ein Becken verfügt über einen Massagepool, ein anderes über künstliche Meereswellen, aber der Hit sind die Kinderbecken. Hier entern die Kleinen ein Piratenschiff, klettern auf eine Wasserburg oder spritzen sich unter der Clowndusche nass. Manche Ebenen sind über Wasserfälle miteinander verbunden, in anderen haben Kinder Spaß, wenn sie per Schlauchboot die Rutsche hinabsausen. Wer will, kann hier schwimmen und tauchen lernen oder schlicht seine Bahnen ziehen – auch dafür gibt es eigene Becken. Highlights des Parks sind die vielen Rutschen: Manche sind bis zu 123 Meter lang, andere seicht und weich, manche wie Raftinggewässer errichtet und andere steil und mit Adrenalingarantie. Für die Pausen gibt es Unterhaltungsprogramm, etwa im Amphittheater.

AQUAPARK ISTRALANDIA:
Brtonigla bei Novigrad,
Tel. +385 52 86 69 00,
www.istralandia.com.
im Sommer geöffnet, tägl.
10-18 Uhr, Juli-Aug bis 19 Uhr.
Tageskarte Erw.160 HRK,
Kinder (bis 12 J.) 130 HRK,
Familienkarte für 2 Erw. und
2 Kinder 490 HRK.

Mit Rutschen, hohen Türmen und vielen Becken ist Badespaß garantiert

Ein Spaß für kleine und große Seeräuber

AQUACOLORS POREC

Liegewiesen, Kieselstrand, Palmen – und natürlich Wasserspaß bietet der Wasserpark in Poreč. 100.000 Quadratmeter misst der Komplex, der im Jahr 2015 entstanden ist, und darauf lässt sich so einiges erleben. Etwa der künstliche Fluss, auf dem man sich mit Schwimmreifen treiben lassen kann. Oder Wellenpools, nicht zu vergessen die warmen Kinderbecken. Rutschen gibt es zur Genüge in langsamer und schneller Variante – wer bei 200 Metern rutschen nicht in Fahrt kommt, sollte vielleicht den Looping probieren.

AQUACOLORS POREC:
Molindrio 18, 52440 Poreč, Tel. +385 52 21 96 71, www.aquacolors.eu. Tägl, Mai-Sep 10-18, Juli/Aug bis 19 Uhr. Tageskarte Erw. 185 HRK, Kinder (bis 15 J.) 140 HRK, bis zu 1 Meter Größe kostenlos.

CIKAT-WASSERPARK:
Čikat ul. 6a, 51550 Mali Lošinj *(s. Kasten S. 106)*

AQUAPARK SOLARIS

Bei Šibenik befindet sich ein Spaßparadies, von dem Kinder wohl kaum genug bekommen können: Dieser Wasserpark punktet mit einer Fläche von 8.000 Quadratmetern und hier sind Rutschen nicht gleich Rutschen: Man kann mit dem Reifen hinabsausen, sich auf einem Flüsschen treiben lassen oder richtig Speed aufnehmen, je nach Alter und Abenteuerlust. Am beliebtesten ist wohl das große Fass, das wie eine Dusche viele Tausende Liter über den Köpfen der wasserlustigen Besucher versprüht.

SOLARIS BEACH RESORT:
Hoteli Solaris 86, 22000 Šibenik, Tel. +385 22 36 10 01, www.solarisbeachresort.de. April-Sep tägl. 10-18 Uhr, wetterabhängig. Erw. 110 HRK, Kinder 80 HRK.

WEITERE KLEINE WASSERPARKS AM STRAND:

AQUAPARK UMAG:
Im Resort Sol Stella Maris, Katoro 19, 52470 Umag Istrien, Tel. +385 52 71 00 00, www.aquapark-umag.com. Tägl. 9-20 Uhr. Tageskarte 130 HRK.

AQUAPARK FAZANE:
Am Campingplatz Bi Village, Dragonja 115, 52212 Fažana, Tel. +385 52 30 03 00, www.aquapark-fazana.com. Tägl. 9-20 Uhr. Tageskarte 130 HRK.

Kinder lieben sie: Dinos!

Dinopark Funtana

Es gibt ein Alter, da müssen es einfach Dinos sein, die Kleinen können von den faszinierenden Giganten und ihren Fossilien oftmals nicht genug bekommen. Wie gut also, dass es den Dinopark Funtana gibt. Er stammt aus dem Jahr 2009 und lässt die Kinder eintauchen in die Welt der großen Reptilien. Auf 80.000 Quadratmetern hat sich ein breites Spektrum an Angeboten etabliert, das sich zum Teil auch in einem alten Steinbruch befindet, was die Kulisse fast wie bei „Jurassic Park" aussehen lässt. Manche der Dinosaurierstatuen sind beweglich, viele lebensgroß, einige fliegen sogar über den Köpfen. In einem Museum können kleine Forscher echte Dinosaurierspuren sowie Schädelknochen der ausgestorbenen Art sehen. Wer sich traut, legt selbst Hand an, schnappt sich Pinsel und Schaufel und gräbt (künstliche) Knochen aus dem Sand. Nicht nur Dinos begeistern, auch die Motorrad-Stunts, die in Seiltanzmanier in 25 Meter Höhe als Show gezeigt werden. Wer es lieber ruhiger mag, besucht die Showarena mit den Varieté- und Zirkusvorführungen. Achterbahnen sorgen für Nervenkitzel. Streichelzoo, Spielplätze und Kinos runden das Angebot ab. Alle Shows und Attraktionen sind im Eintrittspreis enthalten. Hunde erlaubt.

DINOPARK FUNTANA: *Starska 16, 52452 Funtana, Tel. +385 52 44 53 27, www.dinopark.hr. Anfang Mai-Mitte Sep tägl. 10-18 Uhr. Preise saisonabhängig, in der Hauptsaison Erw. ab 80 HRK, Kinder (ab 7 J.) ab 60 HRK.*

Baredine-Höhle

Wenn das Wetter an der Küste zu wechselhaft sein sollte, empfiehlt sich in Istrien ein Ausflug ins Binnenland. Hier gibt es viel zu entdecken, etwa in Istriens bekanntester Höhle Baredine. Dort sind Tropfsteinformationen wie aus dem Märchenland zu bewundern. Es ist übrigens die erste Höhle Istriens, die für Besucher zugänglich ist. Zweimal pro Stunde starten Führungen durch die Unterwelt, bei denen es bis zu 60 Meter in die Tiefe geht. Insgesamt fünf Säle lassen sich dort erkunden. In einem liegt nicht nur ein See, dort leben auch seltene Grottenolme – eine weiße Lurchart, die man früher für kleine Drachen hielt. An manchen Stellen wölbt sich die Decke 25 Meter hoch, an anderen muss man sich klein machen und fast kriechen. Faszinierend sind überall die Stalagmiten und Stalaktiten, vor allem im Figurensaal der Höhle, in dem manche der Tropfsteingebilde aussehen wie menschliche Statuen. Eine weitere, kleinere Höhle befindet sich bei Festini (s. Kasten S. 90).

Märchenhaft sehen die Stalaktiten aus

BAREDINE-HÖHLE: *Jama Baredine, Nova Vas, 52446 Poreč, Tel. +385 98 22 43 50, www.baredine.com. Nov-März nach Voranmeldung, sonst tägl. April/Okt 10-16 Uhr, Mai, Juni, Sep 10-17 Uhr, Juli-Aug 10-18 Uhr. Erw. 70 HRK, Kinder (5-15 J.) 45 HRK, Besichtigungen nur im Rahmen einer 30-minütigen Führung möglich. Am Parkplatz: Spielplatz und Kletterzentrum.*

Traktormuseum

Wie hübsch waren sie einst, die Traktoren, fast niedlich im Vergleich zu den heutigen Riesen, die über unsere Felder brummen. Mehr als 50 nostalgische Traktoren sind im **MUSEUM TRAKTOR STORY** (im Komplex der Höhle Baredine) ausgestellt, der älteste stammt aus dem Jahre 1923. *Tarska 14, 52446 Nova Vas, Tel. +385 98 22 43 50, www.traktorstory.com. Tägl. Jan-März, Nov/Dez 11-15 Uhr, April u. Okt 10-15 Uhr, Mai/Juni/Sep 10-16, Juli/Aug 10-17 Uhr. Erw. 35 HRK, Kinder (bis 15 J.) 25 HRK.*

Mini-Kroatien in Rovinj

Wer Modellwelten liebt, für den ist der kleine Freizeitpark direkt am Ortseingang von Rovinj genau das Richtige: Dort liegt Mini-Kroatien. Kroatiens Städte und Landschaften wurden hier liebevoll in Modellbauweise nachgebaut. Zwar nicht ganz maßstabsgetreu, aber dennoch sehr detailverliebt. Bei einem Spaziergang auf einer Fläche von mehr als 5.500 Quadratmetern besucht man die wichtigsten Sehenswürdigkeiten Kroatiens in einer Stunde: Zadar, Split, Trogir, Zagreb, die Altstadt von Dubrovnik, das römische Theater in Pula, die Kathedrale Sv. Jakov in Šibenik, ebenso die Plitvicer Seen und den Nationalpark Krka. Eine hübsche Abwechslung – hier können sich die Kleinen mal ganz groß fühlen.

Hier können sich die Kleinen riesig fühlen

Höhle Festini

Eine weitere Höhle findet sich bei **FESTINI**, auch hier haben Wassertropfen im Laufe der Jahrhunderte Kunstwerke mit klingenden Namen wie „Zauberhut", „Turm von Babylon" und „Fledermausflügel" geformt, die man heute bewundern kann. Auf einem ca. 100 Meter langen befestigten Steg gelangt man ins Innere der Höhle und bekommt während des 20-minütigen Rundgangs die bizarren Tropfsteinformen von einem mehrsprachigen Reiseführer erklärt. Die Höhle, die auch „Festiner Königreich" genannt wird, ist insgesamt etwas kleiner als die Höhle von Baredine, dafür aber in der Hochsaison auch nicht so überlaufen.
Feštini 15, 52341 Žminj, Tel. +385 915 61 63 27, www.sige.hr. April/Mai u. Okt, Sa/So 10-18, Juni-Sep tägl. 10-18 Uhr, Erw. 40 HRK, Kinder (5-18 J.) 25 HRK.

Nach dem Rundgang kann man den angeschlossenen kleinen Streichelzoo mit Ziegen und Eseln besuchen, ein Open-Air-Restaurant oder den botanischen Garten mit über 300 mediterranen Pflanzen.

MINI-CROATIA: *Turnina bb, 52210 Rovinj, Tel. +385 912 06 88 85, www.mini-croatia.com.hr. April-Okt 10-18, Juni-Aug 9-20 Uhr. Erw. 25, Kinder 10 HRK.*

Im Reich der Meeresbewohner

Aquarium in Pula

Schildkröten streicheln oder Nemo ins Auge schauen – der Unterwasserwelt ganz nah zu sein ist immer eine tolle Idee für Kinder. Das Aquarium in Pula zählt zu den schönsten des Landes. Es bietet sich für dieses Vorhaben an – vor allem das große Haibecken im Zentrum des Gebäudes fasziniert Große wie Kleine. Das Aquarium ist in einer alten Festung untergebracht und zeigt mehr als 60 Schaubecken – nicht nur Meeresfische, sondern auch die Fauna der Seen ist dort zu bewundern. Doch immer wieder zieht es Kleine wie Große zu Hai, Muränen und anderen Raubfischen zurück.

AQUARIUM PULA: *Verudela bb, 52105 Pula, Tel. +385 52 38 14 02, www.aquarium.hr. Öffnungszeiten sind saisonabhängig. Erw. 75 HRK, Kinder (bis 7 J.) 40 HRK, (bis 18 J.) 60 HRK.*

Selbst am Steuer sitzen

Abenteuer für Geschwindigkeitsfans verspricht die **KARTBAHN GREEN GARDEN.** Hier sitzen Kinder selbst am Steuer und messen sich auf der 1 Kilometer langen Strecke mit Vater, Mutter oder Freunden im Fahren. Dabei stehen verschiedene Gokarts zur Verfügung. Wie kleine Rennfahrer sind die Piloten dann in Helm und Sicherheitsweste verpackt, damit nichts passieren kann, falls es mal crasht. Doch nicht nur auf der Straße des Rennparcours darf gefahren werden, sondern auch im benachbarten Wald, dort mit ausgeliehenen Quads – bei denen allerdings eher Menschen im Führerscheinalter am Steuer sitzen. Falls das Angebot noch immer nicht reicht: Es gibt auch einen Kunstrasenfußballplatz sowie Paintball. *Šijanska cesta 12a, 52100 Pula, Tel. +385 989 11 55 00, www.karting.hr. Mietpreise für die Gokarts (10 Minuten) ab 80 HRK, im Sommer (Mai-Okt) 8-23 Uhr, im Winter bis Sonnenuntergang.*

Der Badeplatz Zarecki krov

Pazin

PAZIN hat den Schriftsteller Jules Verne zu seinem Roman „Mathias Sandorf" inspiriert. Dort beschreibt er das **KASTELL** (s. auch S. 40) – und sicherlich war er auch fasziniert vom Fluss Pazinčica. Schon Dante war angetan von dem Naturschauspiel des Wassers, das einfach so in einem Schluckloch verschwindet. Direkt unterhalb des Kastells befindet sich die **PAZINER GROTTE**, in der der Fluss Pazinčica in die Tiefen des Gesteins abtaucht. Er ist erst wieder am Limski-Fjord bei Rovinj zu sehen. Die Grotte kann besichtigt werden, ein Lehrpfad führt die Besucher. Der örtliche Höhlenverein organisiert **HÖHLENTOUREN**, auch eine Seilrutsche gehört zum Programm. Doch nicht nur die Höhle ist sehenswert, sondern auch das Kastell mit seiner **ETHNOGRAFISCHEN SAMMLUNG**. Einen Blick in die Kirche **SV. NIKOLA** sollten Besucher auch noch werfen, die Fresken sind von hoher Qualität. Rund um den Ort lässt es sich nicht nur gut Rad fahren, sondern auch am Badeplatz **ZARECKI KROV** ausspannen – ein Wasserfall ist die Attraktion am See. Übrigens: Jeden Dienstag findet in Pazin einer der größten Märkte Istriens statt.

HÖHLENFORSCHUNGSVEREIN ISTRA-SPELEOLOŠKO DRUŠTVO ISTRA:
PP 93, 52000 Pazin, Tel. +385 915 12 15 28, info@sdi.hr, pazincave@gmail.com. 190 HRK pro Person, Anmeldung erforderlich, Führungen sind wasserstandsabhängig.
ETHNOGRAFISCHES MUSEUM:
Trg Istarskog razvoda 1275. br. 1, 52000 Pazin, Tel. +385 52 62 22 20, www.emi.hr. Mo-So 10-18 Uhr. Erw. 25 HRK, Kinder 18 HRK.

Zipline Pazin

Den größten Nervenkitzel in Pazin erlebt man bei der Zipline, die sich über die 270 Meter lange Schlucht spannt. Wie eine lebendige Seilbahn können Erwachsene und Kids die Felsspalte überwinden, Kinder im Tandem mit einem Erwachsenen – ein unvergessliches Abenteuer.
ZIPLINE PAZINSKA JAMA,
Šime Kurelića 4 (Terrasse des Hotels Lovac), 52000 Pazin, Tel. +385 915 43 77 18. Mai-Okt 10-19 Uhr, in der Nebensaison kürzer und wetterabhängig. 160 HRK pro Person.

Sternwarte in Višnjan

Dank der geringen Lichtverschmutzung des Himmels über Istrien können Astronomie-Fans hier den Sternenhimmel sehr gut beobachten. Etwas außerhalb der istrischen Stadt Višnjan lugt ein kuppelförmiges Dach aus dem Grün der Landschaft hervor: Die Sternwarte der Stadt erforscht zum einen neue Asteroiden unseres Sonnensystems, bietet sich aber auch als Ausflugsziel an. Mehr als 1500 neue Asteroiden sowie zwei Kometen wurden hier bereits entdeckt.

Die weltbekannte Sternwarte von Višnjan

Die Tränen des Heiligen Laurentius

Jedes Jahr am 12. August ereignet sich ein Naturschauspiel der besonderen Art, wenn Hunderte Meteoriten ihre Leuchtspur am Nachthimmel hinterlassen. Der Meteoritenschauer wird auch als „Tränen des Heiligen Laurentius" bezeichnet, weil sich das Ereignis immer am Tag des Heiligen Laurentius wiederholt. Es sind Lichtspuren von Teilchen des Kometen Swift-Tuttle. Die Erde gerät nämlich an jedem 10. und 11., aber besonders am 12. August in seine Staub- und Gaswolke, wobei Partikel davon auf die Erdatmosphäre mit einer Geschwindigkeit von 200.000 Kilometer pro Stunde treffen. Wenn sie verglühen, hinterlassen sie diese beeindruckende Lichtspur am Himmel.

Ferne Galaxien sind für Kinder etwas Faszinierendes – umso schöner, wenn sie durch das riesige Teleskop mit dem Namen Dagor (1 m Durchmesser) einen Blick dorthin werfen können.

STERNWARTE VIŠNJAN:
Ul. Istarska 5, 52463 Višnjan, Tel. +385 52 44 92 12, info@astro.hr, www.astro.hr. Astro Nights von Mai-Sep Sa 21-23 Uhr, andere Öffnungszeiten nach Absprache. Besichtigung des Steinkreises und des Observatoriums sowie Vorlesungen. Eintritt frei.

Ein Adrenalinkick für die ganze Familie

Kletterpark Glavani

Klettern im Urlaub ist immer eine gute Idee. Es bringt die Gehirnzellen auf Trab, lastet hibbelige Kinder voll aus, schafft Erfolgserlebnisse und obendrein hat die Familie noch eine wunderbare gemeinsame Erinnerung voller Spannung. Einer der schönsten Kletterparks des Landes befindet sich in Glavani im Norden Istriens, fast in der Mitte zwischen West- und Ostküste der Region. Auf 4 Hektar können sich Eltern wie Kinder beweisen und gegen eventuelle Höhenangst ankämpfen, denn an manchen Stellen geht es bis zu 11 Meter in die Höhe. Nicht alles ist für alle Altersklassen geeignet, jedoch ist für jedes Alter etwas dabei. Die Wagemutigen trauen sich nicht nur auf die 113 Meter lange Drahtseilrutsche, sondern schaffen auch die Monsterschaukel spielend oder aber das menschliche Katapult. Der Park wurde 2011 eröffnet und hat sich seitdem zu einer wichtigen Attraktion entwickelt. Er erfüllt die höchsten Sicherheitsstandards der European Ropes Course Association und wird aufgrund strenger Auflagen jedes Jahr überprüft.

Baggerfahren macht den Kleinsten Spaß

KLETTERPARK GLAVANI:
Glavani 10, 52207 Barban, Tel. +385 918 96 45 25, www.glavanipark.com. 3 Routen für Erw. 150 HRK, für Kinder (unter 10 J.) 120 HRK. Tägl. ab 9 Uhr. Wer klettern will, sollte mind. 3 Stunden vor Schluss (in der Hauptsaison 20 Uhr) dort sein.

Nationalpark Risnjak

Nur knapp 15 Kilometer von der Adria entfernt leben Luchse, Bären und Wölfe. Auch wenn es unwahrscheinlich ist, sie zu Gesicht zu bekommen, sind Safaris zu heimischen Tieren immer etwas Besonderes. Ein Paradies für diese Naturerkundungen ist der Nationalpark Risnjak mit seiner artenreichen Flora und Fauna. Am besten steuern Familien gleich das Nationalparkhaus in Bijela an und informieren sich erst einmal über die Natur vor Ort. Anschließend empfiehlt sich eine Wanderung auf dem gut 4 Kilometer langen Waldlehrpfad. Er zeigt an 12 Stationen die Besonderheiten der Region. Wer es sportlicher mag, mietet sich vor Ort ein Rad oder geht längere Strecken durch die dichten Wälder wandern. Karten gibt es im Informationszentrum. Familien, die etwas Sitzfleisch haben und still genug sind, um Tiere zu beobachten, können versuchen, in einer der Schutzhütten, etwa der Blockhütte Lazac, ein Versteck zu finden und von dort aus Vögel zu beobachten. Mit etwas Glück zeigt sich auch ein größeres Säugetier. Wer es ganz abenteuerlich mag, kann eine Rafting-Tour buchen – vor allem im Frühjahr und im Herbst bei den hohen Wasserständen der Kupa ideal.

NATIONALPARK RISNJAK:
Bijela Vodica 48, Crni Lug, Tel. +385 51 83 61 33, www.risnjak.hr. Erw. 20 HRK, Kinder (bis 7 J.) gratis.

Auch im Herbst noch schön: der Nationalpark in leuchtenden Farben

Das größte Semi-Unterwasserboot an der Adria

Fahrt mit dem roten U-Boot

Wer sich die Unterwasserwelt Kroatiens näher anschauen und dabei trocken bleiben möchte, setzt sich am besten in ein „halbes" U-Boot. Modelle finden sich fast überall an der Küste – so auch auf Krk. Dort steht kleinen wie großen Reisenden ein knallrotes U-Boot zur Verfügung, bei dem der Großteil der Wände verglast worden ist, um den Besuchern so das Gefühl des Tauchgangs zu vermitteln. „Big Marlin" heißt das neue Boot, das sogar WLAN an Bord hat. Die Ausflüge dauern 30 bis 45 Minuten und führen, zumindest auf Krk, an einem künstlich angelegten Riff mit versenkten Booten, römischen Skulpturen, Ankern und nachgebauten Rochen- und Oktopus-Modellen vorbei. Sogar einen versenkten Schatz in der Truhe kann man ausmachen, wenn man aufmerksam den Meeresboden absucht! Ein besonderes Erlebnis sind zudem die Nachtfahrten, die mit dem U-Boot unternommen werden können.

SEMISUBMARINE: *Lokvić 2, Pinezići, 51500 Krk, Tel. +385 912 20 02 62, www.semisubmarine-krk.com. Erw. ab 90 HRK, Kinder (6-10 J.) ab 40 HRK.*

Gut essen auf Krk

Die **KONOBA INTRADA** zählt zu den besten ihrer Art und Kinder sind hier gern gesehen. *Grdine 6, Malinska 51511, Tel. +385 51 29 68 92, www.intrada-malinska.com.* Unter Weinreben sitzt man im Restaurant **CITTA VECCHIA**, die kroatisch-italienische Küche ist äußerst schmackhaft. *J. J. Strossmayera 36, 51500 Krk, Tel. +385 955 06 31 79.*

Mali Lošinj

Die Inselwelt von Mali Lošinj ist eines der beliebtesten Urlaubsziele für Familien, weil dort nicht nur das Meer so verlockend ist, sondern es auch eine gute Infrastruktur von Freizeitangeboten gibt. Dazu gehören etwa Bootsausflüge zu den **DELFINEN**, die bei verschiedenen lokalen Anbietern gebucht werden können. Bei der Auswahl sollten Familien darauf achten, dass die Ausflüge auch tierfreundlich umgesetzt werden, das heißt, dass sie den Delfinen nicht zu nahe kommen oder sie gar stören. Wir empfehlen ausdrücklich **BLUE WORLD** (s. S. 98). Im zugehörigen Meeresmuseum kann man sich vorher umfassend über die Meeressäuger informieren.

Zu den schönsten Stränden der Insel für Familien zählen sicher der Strand **BORIK**, der barrierefreie Strand **VELI ŽAL** sowie der Strand **CIKAT** (s. auch **WASSERPARK CIKAT**, Kasten S. 106). Bei Letzterem lohnt es sich übrigens, nicht nur am Wasser zu sein, sondern auch einen Ausflug in den nahe gelegenen **WALDPARK** zu machen. Er hat ein ganz besonderes Ökosystem und es lässt sich herrlich unter den schattigen Bäumen wandern. Naturerlebnisse verspricht auch der **DUFTGARTEN**, durch den man schlendern kann. In Führungen wird erklärt, wie die verschiedenen Kräuter wirken. Außerdem sind die Menschen der Insel stolz auf ihr historisches Erbe – wer sich dafür interessiert, geht ins Museum und schaut sich die Statue des **APOXIOMEN** an. Sie ist, zwischen zwei Felsen eingeklemmt, im Meeresboden gefunden worden.

Lieblingsziel vieler Familien: Mali Lošinj

TOURISTEN-INFORMATION: *Priko 42, 51550 Mali Lošinj, Tel. +385 51 23 18 84, www.visitlosinj.hr.*
DUFTGARTEN: *Bukovica ul. 6, 51550 Mali Lošinj, Tel. +385 98 32 65 19, miomirisni-vrt.hr. März-Juni u. Sep-Dez 8-15 Uhr, Juli-Aug 8.30-12.30 u. 18-21 Uhr.*
MUZEJ APOKSIOMENA: *Riva lošinjskih kapetana 13, 51550 Mali Lošinj, Tel. +385 51 73 42 60, www.muzejapoksiomena.hr. Di-So 9-17 Uhr. Erw. ab 50 HRK, Kinder ab 20 HRK.*

Auf Tuchfühlung mit Delfinen und Schildkröten

2003 eröffnete der Träger „Blue World“ das Meeresbildungszentrum in Veli Lošinj. Neben der angewandten Forschungs- und Naturschutzarbeit, zu der auch der Betrieb des Zentrums für Meeresschildkröten gehört, setzt sich das Institut mit Ausstellungen, Vorträgen und Medienpräsentationen für die Förderung des Umweltbewusstseins ein. Die Ausstellung ist das ganze Jahr über für Besucher geöffnet. Von Mai bis Oktober bieten die Naturschützer zudem Bootsausflüge zu den rund 120 Delfinen an, die vor der Insel Lošinj leben. Engagierte Familien können sogar einen Delfin für 200 HRK pro Jahr adoptieren.

Auch Meeresschildkröten lieben die Region um Mali Lošinj, da eine warme Strömung die Inseln umfließt und den Schildkröten gute Lebensbedingungen verschafft. Viele der Tiere geraten in die Netze der Fischer oder verletzen sich bei Kollisionen mit Schiffsschrauben. Das Zentrum pflegt die Meeresbewohner, bis sie gesund sind, und lässt sie dann wieder frei. In den Sommermonaten ist die Rettungsstation für Besucher geöffnet.

LOŠINJ MARINE EDUCATION CENTRE: *Kaštel 24, 51551 Veli Lošinj, Tel. +385 51 60 46 66, www.blue-world.org. Okt-April Mo-Fr 10-14 Uhr, Mai, Juni, Sep Mo-Fr 10-16, Sa 10-14, Juli, Aug Mo-So 10-21. Erw. 20 HRK, Kids (bis 7 J.) frei, (bis 12 J.) 15 HRK.*
DOLPHIN WATCHING: *Von Mai bis Okt – unbedingt reservieren: Tel. +385 51 23 62 56 oder Tel. +385 51 60 46 66, info@island-losinj.com, www.dolphin-watching.com. Erw. 350 HRK, Kinder 280 HRK, Familienkarte 1.000 HRK.*

In Kroatien sind oft Delfine zu sehen

Nationalpark Paklenica

In diesem Nationalpark wurde ein Großteil der Aufnahmen für das Karl-May-Epos „Winnetou“ gedreht. Die Landschaft mit ihren schroffen Felsen, engen Schluchten und Höhlen war nicht nur damals die perfekte Kulisse für einen Western. Bis heute fasziniert sie Kinder wie Erwachsene mit ihren vielen Schätzen, einige davon sind sogar von Menschen erschaffen wie etwa die verlassenen Dörfer. Ganze 10 Geisterstädte gibt es dort, manche der Häuser wurden halb in eine Höhle gebaut, um Baukosten zu sparen. Die Gebäude sind heute verlassen und der Zahn der Zeit nagt am Mauerwerk – mystisch schön. Wer im Nationalpark unterwegs ist, sollte sich unbedingt die Schlucht **VELIKA PAKLENICA** anschauen, sie verengt sich bis auf 50 Zentimeter an ihrer schmalsten Stelle. Wasserfälle, Wälder und immer wieder diese unwirklich erscheinenden Karstbildungen – als hätte die Erde einen Kamm über glatte, weiße Wände gezogen – machen den Besuch im Park zu einem außergewöhnlichen Erlebnis. Es lohnt sich übrigens, auch hier nach Tieren Ausschau zu halten: Braunbären, Gänsegeier, Schlangenadler und Luchse wohnen in diesem Schutzgebiet. Zu besichtigen sind zudem eine alte Mühle sowie eine Tropfsteinhöhle – und es gibt diverse Möglichkeiten für Kletterer.

Eindrucksvolle Klippen im Nationalpark

Winnetou muss sein

Es gibt tatsächlich auch ein **WINNETOU-MUSEUM** in Kroatien, dessen Landschaften durch die Karl-May-Verfilmungen ja zu einem Sinnbild für den Wilden Westen wurden. Starigrad-Paklenica, nördlich von Zadar gelegen, heißt der Ort, der nicht nur ein kleines Museum mit den Requisiten zeigt, sondern auch einen Blick in die einstigen Zimmer der Filmstars gewährt. *Ul. dr. Franje Tuđmana 101, 23244 Starigrad. April-Okt tägl. ab 11 Uhr. Eintritt frei.*

NATIONALPARK PAKLENICA: *Erreichbar ist der Park über den Haupteingang Starigrad, er liegt perfekt, um die Mühle, aber auch die Schlucht Velika Paklenica zu besuchen. Starigrad, Tel. +385 23 36 91 55, www.paklenica.hr/de. Erw. 50/40 HRK, Kinder (ab 7 J.) 30/20 HRK (in der Hauptsaison/Nebensaison).*

Krka-Wasserfälle

Wem die Region um die Plitvicer Seen etwas zu überlaufen ist, der sollte sich dieses Reiseziel merken: Die **KRKA-WASSERFÄLLE** gleichen der Landschaft dort – nur dass alles viel kompakter ist. Der Fluss Krka hat einen wunderschönen Lauf gebildet. Insgesamt 7 Wasserfälle rauschen in die Tiefe und sorgen für eine spektakuläre Kulisse. Im Gegensatz zum streng reglementierten und im Sommer oft überlaufenen Nationalpark Plitvicer Seen gibt es hier die Möglichkeit, in einigen Gewässern zu baden oder sich unter einen Wasserfall zu stellen. Besondere Höhepunkte sind der größte Wasserfall **MANOJLOVAC** mit seiner Fallhöhe von 60 Metern sowie der breite Wasserfall **SKRADINSKI BUK**, der als einer der schönsten Travertin-Wasserfälle Europas gilt.

Bootsausflüge im Krka-Nationalpark

Eine Bootsfahrt ist für Familien oftmals ein besonderes Vergnügen, vor allem wenn es direkt an die Wasserfälle geht. Im Krka-Nationalpark können Besucher einige Attraktionen mit dem Boot besuchen, dazu gehören etwa die Wasserfälle Skradinski buk und Roški slap oder die Klosterinsel Visovac. Im Gegensatz zu den Plitvicer Seen sind die Ausflüge nicht mit dem Eintrittspreis abgedeckt. *Sie kosten etwa 100 HRK für Erwachsene, 70 HRK für Kinder.*

Ausflüge zur Klosterinsel **VISOVAC** gehören ebenso zum Programm wie Besichtigungen der alten Wassermühlen und der römischen Festungsruinen in Burnum oder das Staunen über eine der ersten natürlichen Waschmaschinen der Welt. Das **INFOZENTRUM SKRADIN** klärt über das Angebot auf. Wanderwege und Radtouren führen durch teilweise abenteuerliche Natur.

Familien lieben es, hier zu baden

KRKA-WASSERFÄLLE: *Skradin, Tel. +385 22 77 16 88, www.npkrka.hr. Eingang Skradin 8-18 Uhr. Erw. 200/100 HRK, Kinder (ab 7 J.) 120/20-80 HRK (Hauptsaison/Nebensaison).*

5

GUT ZU WISSEN

Fakten von A bis Z

Ankunft/Anreise

MIT DEM AUTO: Die meisten Urlauber reisen mit dem eigenen Auto nach Kroatien, vor allem aus Süddeutschland, denn von München nach Pula sind es nur knapp 7 Stunden. Dabei führt der Weg über Österreich, für das eine Vignette benötigt wird, ebenso über Slowenien, das auch einen eigenen Aufkleber fordert. Autobahngebühren werden auf der gesamten Strecke fällig und sind in Kroatien sowieso gang und gäbe. Insgesamt sollten Familien für die Strecke von München bis Kroatien mit Maut und Tunnelgebühr etwa 40 € einplanen.

MIT DER BAHN: Stressfrei, umweltfreundlich und relativ schnell geht die Anreise nach Kroatien mit der Bahn. Sie ist durchaus eine Alternative, denn es gibt auch Nachtzugverbindungen nach Rijeka und Zagreb. Von München nach Rijeka dauert die Fahrt mit dem Zug knapp 10 Stunden und ist ab 49 € erhältlich – pro Strecke und Person bei Sparpreisangeboten. Knotenpunkt für Kroatien ist immer München. Wer eine Bahncard besitzt, fährt damit auch in den Nachbarländern und in Kroatien günstiger.

MIT DEM BUS: Fernbusse verbinden die großen kroatischen Städte. So fährt Flixbus bis zu sechsmal täglich die Strecke von München bis Zagreb schon ab 19 € und braucht knapp 8 Stunden. Auch nach Dubrovnik und Split gibt es Busverbindungen in große deutsche Städte. Die Fahrkarten

Entlang der Küstenstraßen Kroatiens

Kleiner Sprachführer

Da – Ja
Ne – Nein
Hvala – Danke
Molim – Bitte
Bok – Hallo/Tschüss
Izvoli – Bitte schön
Oprosti – Entschuldigung
Dobro jutro – Guten Morgen
Dobar dan – Guten Tag
Dobra večer – Guten Abend
Doviđenja – Auf Wiedersehen
Kako si? – Wie geht es dir?
Kako ste? – Wie geht es Ihnen?
Ja sam dobro. – Mir geht's gut.
Kako se zoveš? – Wie heißt du?
Kako se zovete? – Wie heißen Sie?
Ja se zovem … – Ich heiße …
Koliko štoji …? – Was kostet …?
Gdje je …? – Wo ist …?
Ne razumijem. – Ich verstehe nicht.
Žao mi je, ne govorim hrvatski. – Es tut mir leid, ich spreche kein Kroatisch.
Govorite li engleski? – Sprechen Sie Englisch?

können entweder im Internet oder direkt vor Ort am Busbahnsteig erstanden werden.
EUROLINES
DTG Deutsche Touring, Am Römerhof 17, 60486 Frankfurt am Main, Tel. 069 971 94 48 33, www.eurolines.de.
FLIXMOBILITY
Birketweg 33, 80639 München, Tel. 030 300 13 73 00, www.flixbus.de.

MIT DEM FLUGZEUG: Wichtigster Flughafen des Landes ist Zagreb, er fungiert als Drehkreuz für Kroatien und die Inseln. Es gibt aber auch Flughäfen in Split, Zadar, Dubrovnik und Pula. Neben Linienflügen landen auch Charter- und Billigairlines in Kroatien, darunter Tuifly, Eurowings, Easyjet oder Ryanair.

Auskunft

Jeder Ort und jede Insel hat ein eigenes Tourismusamt, das Urlauber über Veranstaltungen, medizinische Versorgung, Ausflüge und spezielle Angebote informiert. Die Adressen und Telefonnummern finden Sie in diesem Buch bei den jeweiligen Orten. Darüber hält die **KROATISCHE TOURISMUSZENTRALE** Infos über das Land bereit, es werden auch Prospekte und Karten verschickt. *Kaiserstr. 23, 60311 Frankfurt/Main, Tel. 069 238 53 50, www.croatia.hr.*

Autovermietung

Wer nicht mit dem eigenen Auto anreist, mietet am besten eines von Deutschland aus. Das geht auch zentral über die gängigen großen Autovermietungen, je nach Urlaubs- und Ankunftsort. Beim Mieten von Autos sollten Urlauber vor allem auf die Versicherungskonditionen und die Selbstbeteiligung achten. Wer mit Kindern reist und Extrasitze braucht, sollte dies unbedingt vorher anmelden, ebenso wie ein Navigationsgerät, denn oftmals ist Zubehör schnell vergriffen. Die Konditionen variieren je nach Saison. ADAC-Mitglieder können über den Autoclub Fahrzeuge zu besseren Versicherungskonditionen mieten.

Babysitter
Viele Hotels in Kroatien sind auf Eltern mit Kindern eingestellt und schnüren eigene Servicepakete, ebenso die Campingplätze. Dazu gehört oftmals auch das Angebot, einen Babysitter zu finden. Sollte das mal nicht klappen, helfen Hotels, Campingplätze oder Tourismusämter vor Ort gern bei der Vermittlung weiter.

Barrierefreies Reisen
Nicht nur Kinderwagen, auch Rollstühle brauchen freie Bahn zum Fortkommen. Das ist in Kroatien nicht immer und überall möglich. Als Faustregel gilt: Je touristisch erschlossener ein Ort ist, desto mehr Chancen bestehen, den Urlaub auch barrierefrei zu gestalten. Es gibt sogar einige barrierefreie Strände, etwa auf Rab. Generell sind aber gerade die Betonstrände eher barrierefrei, in den tiefen Kiesbetten haben die Räder kaum eine Chance. Insgesamt sollten Rollis und Kinderwagen im Urlaub eher mit der Breitreifenvariante ausgestattet sein. Vorsicht heißt es bei Bootsausflügen, oft sind die Durchgänge zu schmal für Rollis & Co. Besser vorher informieren.

Bus, Bahn, Taxi
Das Netz der Fernbusse ist in Kroatien gut ausgebaut, die Busse sind oftmals modern, gut ausgestattet und verbinden die Städte optimal. Ebenso die Züge, doch Busfahren ist nicht nur günstiger, sondern oftmals auch besser. Eine Übersicht über die kroatischen Züge gibt es unter www.hzpp.hr, über die Busse unter www.autotrans.hr. Während man problemlos in die großen Zentren kommt, ist die Mobilität vor Ort schon schwieriger, denn manchmal fahren die lokalen Busse nur im Abstand von 2 Stunden. Je abgelegener ein Ort, desto seltener ist eine gute Verbindung.Taxis sind für Menschen, die ohne Auto angereist sind und viel Zeit am Strand verbringen, durchaus eine Alternative, doch sie sind recht teuer. Und immer darauf achten, dass die Taxameter neu starten! In manchen Städten gibt es zudem eine Grundgebühr für die Taxifahrten.

Königliche FKK-Tradition

Kroatien ist ein FKK-Paradies. Es gibt fast an jedem Ort Strände, an denen es textilfrei zugeht. Womit das angefangen hat, weiß niemand so genau, man vermutet aber, dass der englische Thronfolger Edward VIII. das Nacktbaden salonfähig gemacht hat. Er besuchte 1934 die Insel Rab und bat darum, hüllenlos mit seiner Geliebten Wallis Simpson in der Bucht von Kandarola baden zu dürfen. Der Trend, hüllenlos ins Wasser zu gehen, war nun nicht mehr aufzuhalten. Seit 1953 gehört FKK zur kroatischen Urlaubskultur, das Land zählt als Vorreiter für FKK-Urlaub und verfügt auch über eine Reihe von FKK-Campingplätzen. Deshalb macht es unbedingt Sinn, sich vor der Buchung zu informieren, was für ein Strand in der Nähe liegt.

Camping
Wer nach Kroatien kommt, der geht entweder auf einen Campingplatz oder kommt per Pauschalreise. Camping hat gerade bei Familien einen hohen Stellenwert. Dabei reisen sie nicht immer mit eigenem Wohnwagen oder Zelt an, auf Campingplätzen können sie auch kleine Mobilheime mieten. Die Ferienhütten haben meistens einen Abenteuercharakter, es gibt sie heute schon im Glamping-Stil mit edler Ausstattung. Das Beste am Camping ist jedoch immer wieder, dass man aufsteht, direkt am Strand und in der Natur ist, egal ob mit Hütte oder Zelt.

CAMPING LANTERNA (POREC)
Lanterna 1, 52465 Tar, Tel. +385 52 46 50 10, www.camping-adriatic.com. Stellplatz (Strom) ab 8,10 €/Tag, Kids (bis 12 J.) gratis, Platz ab 20,70 €/Tag.
Er zählt zu den besten Plätzen in Istrien und wurde schon mehrfach für seine Qualität ausgezeichnet, der Campingplatz Lanterna in Poreč. Hier campt man unter Eichen oder Kiefern, mit Aussicht auf die Bucht mit den herrlichen Kiesstränden. Mit 9.000 Plätzen ist es eines der größten Camps, aber derart raffiniert gebaut, dass es dennoch exklusiv wirkt. Ein kleines Hüttendorf mit Glamping-Unterkünften und Safarizelten liegt oberhalb des Platzes. Kinder freuen sich über die vielen Pools und das umfangreiche Animationsangebot.

FALKENSTEINER PREMIUM CAMPING (KRK)
Setaliste I. Brusica 2, 51521 Punat (Krk), Tel. +385 51 85 40 20 (Preise standen bis Redaktionsschluss noch nicht fest).
Falkensteiner kann nicht nur Kinderhotels, jetzt offeriert die Hotelkette auch Campingplätze. Im Jahr 2017

Typischer Kroatien-Urlaub: Camping direkt am Meer

neu eröffnet hat der Campingplatz auf der Insel Krk mit einem umfangreichen Programm, das perfekt auf junge Eltern abgestimmt ist, von der Wickelstation und den Fläschchenwärmern bis zu einem großen Animationsangebot.

CAMPING SLATINA (CRES)
Siehe Kasten S. 110.

CAMPING ZATON (ZADAR)
Dražnikova ul. 76T, 23232 Zaton, Tel. +385 23 28 02 80, www.zaton.hr. Stellplatz (Strom) ab 22,40 €/Tag, Erw. ab 7,80 €/Tag, Kinder (ab 1 J.) 5,10 €/Tag, Kinder (6-12 J.) 6,50 €/Tag. Waschmaschinen, Familienbadezimmer, Wickelzimmer – auf diesem Campingplatz ist man ganz auf Familie eingestellt. Es gibt nicht nur Zeltplätze und Mobilheime, sondern auch Apartments, Kinder können hier in die Mini-Fahrschule gehen oder sich in den vielen Pools vergnügen – das Animationsprogramm ist umfassend.

CAMPING VESTAR (ROVINJ)
Veštar 1, 52210 Rovinj, Tel. +385 52 80 02 00, www.campingrovinjvrsar.com. Stellplatz/Strom ab 13,50 €/Tag, Erw. 8 €/Tag, Kinder (5-12 J.) 5,50 €/Tag. Ob der kleine Wasserpark im Meer oder eine spannende Kajakfahrt mit Mama und Papa auf dem Meer – dieser Campingplatz bietet Familien jede Menge Abwechslung. Es gibt schöne Pools – aber am besten ist es immer noch, aufzustehen und direkt am Meer zu sein, an einem Kieselstrand, und dann am besten gleich planschen zu gehen. Zudem gibt es auch Mobilheime zu mieten.

Campingplatz Cikat mit Wasserpark

Wenn ein Campingplatz einen Wasserpark angeschlossen hat und ihn seinen Gästen zur freien Verfügung stellt, kann der Urlaub für manche Familie gerettet sein. Es kommt einfach keine Langweile bei den Kindern auf, es gibt immer irgendetwas zu tun – zumindest bei Sonnenschein. Das verspricht zum Beispiel der **CAMPINGPLATZ CIKAT** mit seinem zugehörigen Spaßbadebereich auf 6.300 Quadratmetern. Er ist der größte Campingplatz auf Cres und Lošinj und hat sich vor allem auf Familien mit kleinen Kindern spezialisiert. Ein umfangreiches Animationsprogramm sorgt für Unterhaltung bei den Kleinsten, Größere vergnügen sich bei Basketball, in der Surfschule oder beim Fußball. Wer nicht mit eigenem Zelt oder Wohnwagen anreist, kann sich ein Mobilheim mieten. *Čikat ul. 6a, 51550 Mali Lošinj, Tel. +385 51 23 17 08, www.camp-cikat.com. Stellplatz (Strom) ab 12,50 €/Tag, Erw. ab 11,20 €/Tag, Kinder (ab 3 J.) 4,30 €/Tag, Kinder (7-13 J.) 6,70 €/Tag, Wohnwagen zur Miete ab 195 HRK/Tag.* **WASSERPARK**, *externe Besucher Erw. Juni-Mitte Sep 100 HRK, Nebensaison 70 HRK, Kinder (bis 7 J.) 70/40 HRK.*

Mit der Fähre auf die Insel

Diplomatische Vertretung

DEUTSCHE BOTSCHAFT

Njemačko Veleposlanstvo, Ulica Grada Vukovara 64, 10000 Zagreb, Tel. 01 630 01 00 und bei dringenden Notfällen mobil 098 22 71 36.

ÖSTERREICHISCHE BOTSCHAFT

Austrijsko Veleposlanstvo, Jabukovac 39, 10000 Zagreb, Tel. 01 488 10 50.

BOTSCHAFT DER SCHWEIZ

Švicarsko Veleposlanstvo, Bogoviceva 3, 10000 Zagreb, Tel. 01 487 88 00.

Einreise

Bei einem Aufenthalt bis zu 3 Monaten reicht der Personalausweis. Kinder brauchen ein eigenes Reisedokument, beispielsweise einen Reisepass oder Personalausweis.

Fähren

Kroatien ist das Land der Inseln, mehr als 1.000 Eilande warten darauf, entdeckt zu werden. Es gibt verschiedene Arten von Fähren, von der reinen Personenfähre über schnelle Tragflügelboote (Katamarane genannt) oder Autofähren. Es lohnt sich auf jeden Fall vorher, Preise, Ankunftshäfen und Zeiten zu vergleichen.
In der Hauptsaison sind die Fähren ein echtes Nadelöhr und es kann zu stundenlangen Wartezeiten kommen. Wer einen Tagesausflug bucht, sollte sich auf Parkplatzprobleme gefasst machen, wenn er spät am Abfahrtsort ist. Manchmal sind die Tickets auch schon für Tage ausgebucht, vor allem bei den Katamaranen. Größter Anbieter für Fähren ist die staatliche Gesellschaft **JADROLINIJA** *[Riva 16, 51000 Rijeka, Tel. +385 51 66 61 11, www.jadrolinija.hr]*. Wichtigste Fährhäfen des Landes sind Zadar, Split, Pula, Rabac, Rijeka. Es gibt auch andere kleine Linien, das ist von Insel zu Insel und Ort zu Ort unterschiedlich.

Fahrradverleih

Die Bedingungen für Fahrradfahrer sind in Kroatien durchwachsen. Mountainbiker, die die Herausforderung suchen, lieben zwar die teilweise sehr steilen Hänge zwischen Küste und Hinterland, aber für Kinder sind die Routen viel zu schwer. Auf den Inseln an den Küsten sieht es dann oftmals schon wieder anders aus und die Strecken verlaufen flach und gut. Wer kein eigenes Rad mitgebracht hat, leiht sich eines vor Ort. Aber aufgepasst, nicht jeder Verleiher hat Kinderräder oder Anhänger parat. Ein

Anbieter, der sich auf Räder spezialisiert hat und auch passende Tourpakete schnürt, ist Cycle Croatia *[www.cyclecroatia.com]*, hier wird Deutsch gesprochen, und Kinderräder samt Zubehör werden auch verliehen. Preise: Erwachsene 15 €, Kinder 10 € pro Tag. Andere Anbieter sind über die örtlichen Tourismusverbände zu finden.

Geld
In Kroatien gibt es eine eigene Währung, die Kuna (HRK). 1 Euro entspricht etwa 7,40 HRK. Das Geld können Reisende sich aus dem Geldautomaten holen oder aber bei den Banken tauschen. Die Banken haben in der Regel Mo- Fr 8-19 Uhr geöffnet, in Großstädten auch samstagvormittags. Im Umlauf sind Münzen von 1, 2, 5, 10, 20, 50 Lipa und 1, 2, 5 und 25 Kuna sowie Scheine von 5, 10, 20, 50, 100, 200, 500, 1.000 Kuna.

Klima und Reisezeit
Kroatien ist von April bis Oktober ein schönes Reiseziel, weil die warmen Temperaturen früher einsetzen und länger anhalten. Das Wasser der Adria ist im August bis zu 25 Grad warm, es ist auch der regenärmste Monat, gemeinsam mit dem Juli.
Eine Besonderheit in Kroatien sind die Winde Bora und Jugo, die beide stets für einen Wetterumschwung sorgen und auch in den Sommermonaten Regen bringen können.

Medizinische Versorgung
Kroatien verfügt über ein dichtes Netz von Ärzten und Krankenhäusern und hält allgemein einen hohen Standard in medizinischer Hilfe. Viele Ärzte oder Krankenschwestern sprechen sehr gut Deutsch – falls nicht, ist Englisch Standard. In vielen Gemeinden gibt es Gesundheitszentren (Dom Zdravlja). Deutsch sprechende Ärzte können auch die Touristeninformationen der einzelnen Regionen vermitteln. Da Kroatien EU-Mitglied ist, brauchen Familien keinen Auslandskrankenschein, die Gesundheitskarte

Klimatabelle für Istrien

	Jan	Feb	März	April	Mai	Juni	Juli	Aug	Sep	Okt	Nov	Dez
Wassertemperaturen in °C	10	9	9	13	17	21	23	25	23	19	15	12
Lufttemperaturen	7	9	12	17	22	25	28	27	24	18	12	8
Sonnenschein (in Std.) tägl.	3	4	5	6	7	8	9	8	7	5	3	3
Niederschlag (Tage/Monat)	8	7	8	9	9	9	7	7	7	8	9	8

reicht, sie hat auf der Rückseite die europäische Versicherungskarte. Dennoch ist eine Zusatzversicherung hilfreich, da das Standardpaket nicht den Rücktransport oder private Kliniken abdeckt.
Auch das Netz an Apotheken ist dicht, zudem haben sie oft längere Öffnungszeiten als die deutschen. Der Rettungsdienst in Kroatien ist in ganz dringenden Fällen erreichbar unter dem Euronotruf 112. Generell gilt: Je ländlicher und unerschlossener ein Gebiet ist, desto unzuverlässiger das Netz der medizinischen Versorgung.

Notfälle
Es gibt eine Reihe von Notfällen, für die Urlauber mit Telefonnummern gerüstet sein sollten: Polizei unter Notruf 192, die Feuerwehr unter 193, die Unfallrettung 194. Die Pannenhilfe ist erreichbar unter 00385 1987 (Anruf vom Handy), ADAC-Mitglieder können den Auslandsnotruf nutzen: +49 89 22 22 22.

Öffnungszeiten
In den größeren Städten und touristisch gut erschlossenen Orten sind die Geschäfte oftmals durchgehend von 8 bis 20 Uhr geöffnet, oftmals auch bis 22 Uhr, vor allem in der Hauptsaison. Sonnabends sind Supermärkte von 8 bis 14, manchmal 15 Uhr geöffnet. Je kleiner und abgelegener ein Ort ist, desto größer die Wahrscheinlichkeit, dass zwischen 12 und 16 Uhr eine Mittagspause eingehalten wird.

Organisierte Ausflüge
Es gibt viel zu entdecken in Kroatien – und dementsprechend bieten lokale Reiseveranstalter viele Ausflüge an. Seien es Tagesausflüge zu den Inseln, in Naturparks oder Stadtbesichtigungen. Eine Übersicht über die besten (und vertrauenswürdigsten) Angebote gibt es bei den örtlichen Fremdenverkehrsämtern. Einige Adressen finden Sie in diesem Buch.

Post
Die Postkästen in Kroatien sind gelb und vor allem in den Touristenzentren gut verteilt. Wer Postkarten oder Briefe verschicken will, wendet sich an eine Poststelle im Ort. Sie ist meistens in der Zeit von 7 bis 21 Uhr (Mo-Sa), manchmal bis 22 Uhr und sonntags von 7 Uhr bis 14 Uhr geöffnet. Briefmarken können auch in Schreibwarengeschäften oder am Kiosk erworben werden.

Rauchen
In Kroatien wird relativ viel geraucht. Das sollten Eltern vor allem bei der Buchung der Unterkünfte berücksichtigen und explizit danach fragen, ob es eine Raucherwohnung ist. Generell gilt in Kroatien aber wie in vielen europäischen Ländern ein Rauchverbot im öffentlichen Raum. Das heißt: In Gaststätten, Kneipen, auf öffentlichen Plätzen und in Bars darf kein blauer Dunst mehr aufsteigen.

Sprache
Die Landessprache ist Kroatisch. In den Ferienregionen können Sie sich meist problemlos auf Englisch, Deutsch oder auch Italienisch verständigen. Die Einheimischen freuen sich, wenn Sie versuchen, ein paar Wörter Kroatisch zu sprechen (s. Kasten S. 103).

Telefon
Für öffentliche Telefonzellen benötigt man eine Telefonkarte. Sie ist in allen Postämtern und an Zeitungskiosken erhältlich. Das Mobilfunknetz in Kroatien ist sehr gut ausgebaut und der Empfang ist fast überall ausgezeichnet. Die internationale Vorwahl für Kroatien lautet 00385.

Tiere
Kroatien ist ein Trendziel für Urlaub mit dem Hund und stellt sich mehr und mehr darauf ein. So gibt es nicht nur extra Hundestrände, sondern in einigen Hotels und Campingplätzen ein eigenes Angebot für Reisende mit Vierbeinern. Generell gilt, dass Hunde für die Einreise einen EU-Heimtierausweis benötigen und mit einem Mikrochip-Implantat eindeutig identifizierbar sein müssen. Zudem muss jeder mitgebrachte Hund eine gültige Tollwutimpfung haben. Es gilt Leinenpflicht.

Trinkgeld
Wie in allen europäischen Ländern warten auch die Kellner in Kroatien auf ein Trinkgeld. Angemessen ist ein Betrag zwischen 5 und 10 Prozent der Rechnungssumme. Auch Zimmermädchen und Kofferträger erwarten einige Kuna für ihre Dienste.

Hund und Kind am Strand

Hunde willkommen

Familienurlaub ohne den Vierbeiner? Für viele undenkbar – und deswegen buchen sie einen Urlaub in Kroatien. Der Hund kann im Auto mitreisen und ist vor Ort willkommen. Um das Miteinander zwischen Urlaubern und Hunden so angenehm wie möglich zu gestalten, rief der **CAMPINGPLATZ SLATINA** vor einigen Jahren das Projekt „Camping cum Cane" ins Leben. Er weist nicht nur einen eigenen Hundestrand und Hundeduschen aus – es ist auch ein Trainer angestellt, der die Gäste gratis unterrichtet. Auch ohne Vierbeiner ist der Campingplatz ein ausgezeichneter Ort, seinen Urlaub zu verbringen, er zählt zu den besten Plätzen des Landes. Wer nicht mit einem eigenen Zelt oder Wohnmobil anreisen möchte, mietet ein Mobilheim – direkt am Meer, wie alle Stellplätze.
Martinšćica 92, 51556 Vidovići, Tel. +385 51 57 41 27, www.camp-slatina.com. Stellplatz (Strom) ab 8,70 €/Tag, Erw. 7,70 €/Tag, Kinder (3-7 J.) 2,30 €/Tag, Kinder (7-13 J.) 4,60 €/Tag.

Unterkünfte
Kroatien ist voll auf Familien eingestellt, vor allem mit den Unterkünften. Ob Hotel, Campingplatz oder Mobilheim, es sollte für jeden etwas Passendes dabei sein. Während die Campingplätze (s. S. 105) ein einfaches Leben direkt am Meer versprechen, punkten die Hotels mit mehr Komfort, Sorglosigkeit und Luxusgefühl. Achtung: Wer Hotels bucht, sollte vorher die Preise vergleichen – es kann sein, dass sie über Reiseveranstalter wie TUI oder Neckermann günstigere Preise anbieten, als wenn man direkt bucht.

HOTEL VESPERA MALI

Sunčana uvala bb, 51550 Mali Lošinj, Tel. +385 51 66 11 11, www.kinderhotel-vespera.com. Zimmer ab 200 € für 2 Erw./2 Kinder pro Tag.
Ob Baby, Grundschulkind oder Teenager – dieses Hotel gehört zu denen mit gehobenen Standards in Kroatien. Alle Zimmer sind mit Balkon, Babyphone, teilweise sogar Badewanne ausgestattet. Mit dabei sind Halbpension und ein umfassendes Animationsangebot. Die Pools liegen herrlich erhoht mit einem wunderbaren Meerblick.

Falkensteiner Hotels

Als besonders familienfreundlich gelten die Falkensteiner Hotels. Das österreichische Unternehmen hat in Kroatien einstige Hochpreishotels zu Familienunterkünften umgewandelt, die für jedes Mitglied der Familie etwas bieten. Vor allem aber sind die Hotels bekannt für eine sehr gute Infrastruktur – vom Fläschchenwärmer über Windelboxen bis zur Geschwisterbetreuung ist alles vorhanden. *www.falkensteiner.com.*

FALKENSTEINER: FUNIMATION BORIK

Ul. Majstora Radovana 7, 23000 Zadar, Tel. +385 23 55 56 00, www.falkensteiner.com. Familienzimmer 2 Erw./2 Kinder ab 186 €, all-inclusive.
Die riesige Wasserrutsche ist der Renner bei den Kindern, während die Eltern die frisch designten Zimmer schätzen, denn das Hotel wurde im Jahr 2017 auf den neuesten Stand gebracht. Es befindet sich in der Nähe von Zadar und liegt an einem der wenigen Sandstrände Kroatiens. Dazu bietet es ein umfassendes Angebot an Wassersport für Kinder und auch viele Angebote für Teens.

HOTEL AMARIN, ROVINJ

Val de Lesso 5, 52210 Rovinj, Tel. +385 520 02 50, www.maistra.com. Zimmer für 3 Personen ab 180 €/Nacht.
Hier ist der Babysitter schon im Preis inbegriffen (8-20 Uhr) – wie praktisch, wenn die Eltern mal in Ruhe essen wollen! Doch die Kinder gehen schnell ihre eigenen Wege in dem Familienhotel, etwa beim Klettern in der Indoorhalle, beim Basteln, Malen oder Turnen. Sogar eigene Spa-Angebote für die Kleinen gibt es hier. Und besonders viel Spaß macht es, abends gemeinsam mit den neuen Freunden eine Pizza zu backen.

VALAMAR GIRANDELLA MARO SUITES

Ulica Girandella 7, 52221 Rabac, Tel. +385 52 46 51 00, www.valamar.com. Ab 75 € pro Person/Nacht.

Kinderkino, Theater und sogar eine Hang-out-Zone für Teenager bietet dieses Hotel, es liegt wunderschön über der Bucht von Rabac. Das Animationsprogramm ist vielseitig, es gibt einen eigenen Kinderstrand, Discos, eigene Essbereiche für Kinder und sogar einen Garten, in dem die Kleinen ihren grünen Daumen erproben können.

LA CASA DI MATIKI

Matiki 14, 52341 Zminj, Tel. +385 98 29 90 40, www.matiki.com. Studios für 4 Personen ab 70 €/Tag.

In duftendem Heu schlafen, die Esel in der Nähe hören und doch einen ganz eigenen Platz haben und sich sicher fühlen – dieser Bauernhof ist etwas ganz Besonderes. Die Betten sind aus großen geschälten Ästen gezimmert, die Räume licht und hell und der Garten gleicht einem Erlebnisparadies mit Hängematten und Blumen. Sogar einen Pool gibt es, ebenso einen Steinbackofen. Dass das Frühstück hier ökologisch ist, versteht sich fast von selbst, oder?

MOBILHEIME AUF DEM CAMPINGPLATZ IN UMAG

Ladin gaj 132a, 52470 Umag, Tel. +385 52 71 37 40, www.istracamping.com. Familienhaus ab 88 €/Nacht.

Den eigenen Pool vor der Nase, auf dem Campingplatz wohnen, aber doch mehr Komfort nutzen – das bieten die Mobilheime auf diesem Campingplatz bei Umag. Teile der Anlage sowie der Hütten sind frisch saniert und sehen aus wie stylishe kleine Häuschen. Den Kindern ist das egal, sie genießen die Poollandschaft, in der sogar ein Piratenschiff schwimmt, oder spielen Ball auf einem der vielen Sportplätze.

Nichtraucherzimmer

Kroatien ist ein Land, in dem noch immer gern und häufiger als in Deutschland geraucht wird. Deswegen empfiehlt es sich, bei der Zimmersuche nachzufragen, ob es sich um Raucher- oder Nichtraucherzimmer handelt. Vor allem wenn man über private Vermieter bucht – sonst kann der Geruch schnell zum Ärgernis werden, da man ihn von Unterkünften in anderen Ländern gar nicht mehr gewohnt ist.

WOHNEN IM LEUCHTTURM

Savudrija 1, 52475 Savudrija, Tel. +385 21 390609, www.lighthouses-croatia.com/de.

Einige kroatische Leuchttürme sind inzwischen zu Ferienwohnungen umgebaut – ein gar nicht mal so teures Vergnügen. Während viele Leuchttürme auf Klippen thronen und für Kinder vielleicht etwas gefährlich sind, ist der Leuchtturm Savudrija ein perfekter Ausgangspunkt für eine Ferienwoche. Die Wohnung kostet etwa 120 € am Tag und beherbergt bis zu 4 Personen. Abenteuerurlaub wie bei Astrid Lindgren.

AGROTOURISMO KALPIC
Kalpići 4, Radonić, 22221 Radonić, Tel. +385 915 84 55 20, www.kalpic.com. Familienzimmer bis 4 Personen ab 140 €/Nacht.
Nahe der Krka-Wasserfälle befindet sich ein wunderbares Plätzchen für alle, die Landurlaub suchen: Der Bauernhof aus Natursteinen ist ein Paradebeispiel von Urlaub auf dem Land mit duftend grünem Garten, Grillmöglichkeiten, Pools und hübschen Zimmern. Für alle, die mal eine Auszeit vom Meer möchten.

SCHLAFEN IN DEN BAUMWIPFELN
Komaji 3, 20213 Komaji, Tel. +385 911 12 92 00, www.cadmosvillage.com. Ab 260 € die Nacht für eine vierköpfige Familie.
Baumhäuser sind seit jeher ein Traum – nicht nur von Kindern, sondern auch von Eltern. Umso besser, dass es eigene Baumhaus-Hotels gibt, mit denen sich Familien diesen Traum erfüllen können. Im Cadmos Village Adventure Park hat jetzt eines der ersten Baumwipfelhotels des Landes eröffnet. Es ist Teil des Konzeptes des auf Sport und Abenteuer angelegten Parks.

SEGELN LERNEN
Maritim interessierte Eltern können mit ihren Kids eine Woche auf dem Segelboot verbringen, es gibt sogar die Möglichkeit, dabei das Segeln zu erlernen. Eine Woche kostet ab 1.000 € pro Person, etwa beim Reiseveranstalter Renatour *[www.renatour.de]*. Mit dabei sind Landgänge, Strandausflüge und natürlich Baden in den schönen Buchten.

Baumhausträume verwirklichen sich im Cadmos Village

URLAUB AUF DEM BAUERNHOF
Mit Eseln flirten oder die Frühstückseier morgens aus dem Nest holen – Ruhe und Erholung lassen sich auch auf dem Land in Kroatien finden. Es gibt auf vielen Inseln und in vielen Orten Höfe, die Zimmer und Apartments vermieten, einige auch mit Familien- und Stallanschluss. Auskunft hierüber erteilt das Fremdenverkehrsamt am Wunschort.

Einkaufen & Mitbringsel

So eine Puppe hat garantiert niemand im Kindergarten: Sie raschelt nicht nur schön mit ihrem Stoffkörper, sondern duftet auch noch herrlich. Eine Lavendelpuppe ist nur eines der vielen Souvenirs, die Kroatien seinen Urlaubern bietet.

Kunsthandwerk aus Grožnjan
Es gibt wohl keinen Ort, an dem sich mehr Künstler auf so engem Raum versammeln als im istrischen Grožnjan. Ob Goldschmiede, Maler, Glasbläser oder Töpfer – das Dorf mit den engen Gassen ist heute wichtigstes Kunsthandwerkzentrum Istriens. Auch wenn man nichts kauft, ist es romantisch, über das glatt polierte Kopfsteinpflaster zu schlendern (s. S. 38).

Trüffel aus Istrien
Der Westen von Istrien ist für Trüffel bekannt, seitdem der Gastwirt Giancarlo Zigante in Livade (s. S. 39) 1999 den größten Trüffel der Welt gefunden hat. Heute unterhält er nicht nur ein Restaurant, sondern auch eine Feinkostmanufaktur. Dort entstehen unter anderem Trüffelpasten, -schnaps und -eis. Ganz besonders schmackhaft ist die Verbindung von Trüffeln mit kroatischem Käse aus Pag (www.zigantetartufi.com).

Olivenöl gehört zu den Spezialitäten

Olivenöl aus Istrien
Istriens Oliven sind über die Landesgrenzen hinaus berühmt, die Öle aus der Frucht haben in den vergangenen Jahren einen wahren Goldmedaillenregen eingeheimst. Am besten soll das Öl von den Bäumen sein, die auf rostroten Böden wachsen. Durch Istrien führt sogar eine eigene Olivenölstraße von Poreč über Labin, Pula, Bale und Grožnjan nach Motovun.

Brač-Stein
Schon in der Antike war der helle Stein aus Brač begehrt für Bauwerke. Er ist in einigen Gebäuden wie etwa dem Palast Kaiser Diokletians in Split zu finden. Hirten und Bauern haben ihn von ihren Feldern gesammelt und verarbeitet. Inzwischen hat sich die Verwendung des Steins enorm weiterentwickelt, denn aus den weißen Brocken werden zarte Schmuckstücke gefeilt oder große Kunststatuen. Einer der Künstler auf Brač lässt sich dabei heute gern über die Schulter schauen: www.drazen-jaksic.hr/de.

Krawatten
Dass sie in Kroatien erfunden wurde, wissen nur die wenigsten Männer (und Frauen!): Tatsächlich stammt die Krawatte aus dem Land an der Adria. Es war einst ein Brauch verliebter Mädchen, dem Liebsten ein Tuch in

Mitbringsel mit Lavendel aus Hvar

einer speziellen Knotentechnik um den Hals zu binden, bevor dieser in den Krieg oder ins Ausland zog. Etwa zum Sonnenkönig Ludwig XIV. nach Versailles. Den modebewussten Franzosen gefiel das neue Accessoire und die Krawatte breitete sich über die ganze Welt aus. Man kann uberall in Kroatien Krawatten kaufen, sie heißen Croata (www.croata.hr).

Feiner Silberschmuck
Kroatien ist berühmt für die Herstellung filigranen Schmucks. Dabei gibt es zwei Zentren der Schmiedekunst. Eine ist vor allem durch die Serie „Game of Thrones" (s. Kasten S. 12) bekannt geworden: Peružine kommt aus Dalmatien und wird vornehmlich in Split und Dubrovnik hergestellt – feine kleine Schmuckstücke, deren Muster an Spitzendeckchen in Miniatur erinnern. Die andere beliebte kroatische Schmucktradition ist Morčić – typisch sind die Mohrenköpfe, die Ringe, Armbänder und Ketten zieren. Die Köpfe sollen vor bösen Geistern schützen und sind vor allem in der Kvarner-Bucht zu finden.

Lebkuchenherzen
Einst wurden sie als Zeichen der Treue verschenkt, heute sind sie beliebte Mitbringsel aus dem Norden Kroatiens: Die Lebkuchenherzen Licitar wurden einst von den Handwerkern in den Bergen hergestellt, der Teig in Formen gegossen. Heute ist diese Form des verzierten Gebäcks Weltkulturerbe und fast überall zu finden, vor allem aber in der Region Marija Bistrica und in der Traditionsfirma Licitar (www.licitar.hr).

Buntes Holzspielzeug
Traditionell fertigten die Männer die Rohlinge, die von den Frauen kunstvoll mit Blumen, Rauten oder Punkten verziert wurden. Berühmt sind die Fertigungen aus der Region um Zagreb, wo sie einst in den Bergdörfern entstanden sind. Heute sind sie fast überall zu finden, am besten natürlich in der Region rund um die Gemeinde Marija Bistrica (www.tz-marija-bistrica.hr).

Lavendel aus Hvar
Eigentlich wird Südfrankreich mit endlosen Lavendelfeldern verbunden, doch Kroatien gehört auch zu den großen Anbaugebieten. Im Säckchen für den Schrank zu Hause oder gar als Innenleben von Puppen – der Fantasie der Hersteller sind kaum Grenzen gesetzt. Überall findet man schöne Lavendelprodukte, ob Öl, Säckchen oder Honig – besonders auch auf den Wochenmärkten. Vor allem die Insel Hvar ist ein Zentrum des Lavendelanbaus.

Gladiatorenkämpfe mit echten Waffen in Pula

Festkalender

Februar:
Karneval von Rijeka
www.rijecki-karneval.hr.
In der Karnevalszeit steht die Bucht um Opatija kopf, dann feiern die Kroaten mit farbenfrohen Festivals den Beginn der Fastenzeit. Einst sollten mit den bunten Masken und den Zügen durch die Stadt böse Geister und Mächte aus den Gassen und Straßen vertrieben werden und der Freude Platz machen. Für Reisende ist der Karneval von Rijeka ein fröhlich buntes Ereignis – auch viele Kinder laufen bei den Umzügen in fantasievollen Kostümen mit.

März/April:
Osterprozessionen
www.hvarinfo.com.
Ostern spielt im kroatischen Festkalender eine wichtige Rolle, die Kroaten feiern dieses Fest nicht nur groß, sondern haben ganz spezielle Bräuche. Osterfeuer, Ostereier und Süßigkeiten gibt es dann überall im Land. Kinder lieben die Eierkämpfe, bei denen man mit dem eigenen Ei auf die Ostereier der anderen losgeht – möglichst ohne die Schale seines Eis zu verletzen. In manchen Städten ziehen Kinder auch von Tür zu Tür und verdienen sich mit Gesang oder Gedichten Süßigkeiten. Ganz besonders feierlich wird es auf der Insel Hvar, dort findet in der Nacht zu Karfreitag die Osterprozession statt. Als Büßer verkleidete Bürger ziehen durch die Stadt gen Kirche.

Juni:
Gladiatorenkämpfe in Pula
www.spectaculaantiqua.com.
Welcher Ort wäre für Gladiatorenkämpfe geeigneter als die historische Arena von Pula! Deswegen haben die Kroaten das Fest Spectacula Antiqua ins Leben gerufen, bei dem antike Gladiatorenkämpfe auf neue Weise als Show interpretiert werden. Ein faszinierendes Schauspiel für die ganze Familie unter dem schönen kroatischen Sternenhimmel.

Juni:
Internationales Kinderfest
www.sibenikregion.com.
Von Mitte Juni bis Anfang Juli regieren in Šibenik die Kinder, dann läuft das Kinderfestival in der Stadt. Plätze und Treppen werden zur Bühne, es finden spontan oder geplant Aufführungen und Workshops statt. Sinn des Festes ist es, die Kreativität der Kinder zu fördern. Ob Puppentheater, Tanz, Slapstick oder Musik – viele Mitmachaktionen stehen dabei im Vordergrund. Instrumente oder Farben und Materialien können ausprobiert und auf ungewöhnliche Weise zu neuem Leben erweckt werden.

Juni:
Winnetou-Fest Starigrad
www.rivijera-paklenica.hr/de.
Ausflüge zu den Drehorten der Karl-May-Klassiker locken beim Winnetou-Fest in Starigrad. Der Ort, der einst Unterkunft der Filmcrew war, punktet mit einem großen Programm: Schmink- und Verkleidungsstationen für Kinder und Reitvorführungen sorgen für Abwechslung. Doch am schönsten ist es, den Fans selbst zuzuschauen: Wenn Erwachsene verkleidet und in Kutte kommen, ist das für Kinder immer etwas sehr Spezielles.

Juli:
Rabska Fjera
www.rab-visit.com.
Die Stadt Rab macht jedes Jahr im Juli eine Zeitreise und beamt sich ins Mittelalter, dann startet die Rabska Fjera, das wohl größte Mittelalterfestival des Landes. 3 Tage lang ist die Stadt Rab fest in der Hand von Gauklern, Rittern und Schaustellern. Auf dem Programm steht eine große Prozession anlässlich des Gedenktages für den Schutzpatron Christophorus. Es gibt Handwerkermärkte und Ritterturniere, Musiker spielen auf alten Instrumenten und zum Abschluss lockt ein großes Feuerwerk.

Juli:
Sommerfestivals
www.tzdubrovnik.hr und
www.visitsplit.com.
Juli ist der Festivalmonat in Kroatien, Promenaden und Plätze werden zu Bühnen für Open-Air-Konzerte und Theater, viele Angebote sind auch für Kinder geeignet. Besonders schön sind die Festivalprogramme in Dubrovnik und Split.

August:
Sommerkarneval
www.senj.hr.
Wer Karneval liebt, freut sich auf den August in Senj, dann feiert die Stadt Sommerkarneval. Tanz und Performance von Straßenkünstlern sind bis

Mittelalterfest Rabska Fjera

in die hintersten Winkel der Stadt zu finden. Höhepunkt ist der große Umzug mit 3.000 verkleideten Narren. Es gibt auch einen Winterkarneval zur üblichen Karnevalszeit mit Schmink- und Tanzangeboten für Kinder.

August:
Reiterwettstreit Sinjska alka
www.alka.hr.
Trachten und Uniformen stehen bei Kindern immer hoch im Kurs. In Sinj gibt es davon mehr als genug, denn dort feiern die Kroaten seit 1715 am ersten Augustwochenende die Erinnerung an den Sieg über die Türken. Das Ringreiten zählt zu den größten folkloristischen Festivals des Landes und gehört zum immateriellen Weltkulturerbe.

September:
Mittelalterfest
www.sibenik-tourism.hr.
Die Altstadt von Šibenik verwandelt sich jedes Jahr im September in einen riesigen Mittelaltermarkt, von Handwerkskunst bis zu Gauklern steht vieles auf dem Programm. Beeindruckend sind auch die Schwertkämpfe, die immer wieder auf den Plätzen stattfinden. Das Fest wird anlässlich des Tages des Heiligen Michael begangen.

Spektakel mit Trachten: Sinjska alka

Ferien und Feiertage

Von Mitte Juni bis Anfang September reichen die kroatischen Sommerferien – die Hauptsaison, denn viele Kroaten machen gern Urlaub im eigenen Land. Weil die Sommerferien so lang sind, sind die anderen Ferien nicht ganz so ausgedehnt, Osterferien sind nur wenige Tage um die Feiertage herum und die Weihnachtsferien reichen etwa von Heiligabend bis zu den Heiligen Drei Königen.
Weitere Feiertage:
Neujahr: 1. Januar
Dreikönigsfest: 6. Januar,
Ostermontag
Fronleichnam
Tag der Arbeit: 1. Mai
Tag des antifaschistischen Kampfes: 22. Juni
Nationalfeiertag: 25. Juni
Tag der Dankbarkeit für die Heimat: 5. August
Mariä Himmelfahrt: 15. August
Unabhängigkeitstag Kroatien: 8. Oktober
Allerheiligen: 1. November
Weihnachten: 25. Dezember
Stephanstag: 26. Dezember

Flora & Fauna

Glasklares Wasser und pittoreske Fischerdörfer – dafür ist Kroatien bekannt. Doch nur Zeit an der Küste zu verbringen und Spaß im Wasser zu haben, dafür wäre der Urlaub viel zu schade, denn das Land hat viele besondere Naturerlebnisse zu bieten. Kroatien ist dünn besiedelt, verfügt über dichte Wälder und breite Täler. Dabei gibt es tatsächlich noch Regionen, die vom Menschen kaum angetastet sind – und das soll auch so bleiben. So zeigt sich der Balkanstaat extrem vielfältig und kann in drei unterschiedliche Regionen eingeteilt werden.

Braunbären leben in Wäldern

Schutz der Bären

Braunbären können das erste Jahr nicht ohne ihre Mutter überleben und sterben dann jämmerlich. Immer wieder kommt es zu Vorfällen, dass die Säuglinge verwaisen, weil die Mütter durch Unfälle oder bei der Jagd getötet oder die Kleinen selbst von Autos angefahren wurden. Die **SCHUTZSTATION KUTEREVO** befindet sich im Velebit und wird von einem deutschen Verein geführt.
Die jungen Braunbären werden dort aufgepäppelt. Sie leben in Gehegen und können besichtigt werden. Das Zentrum ist ein beliebter Ausflugsort für Besucher geworden.
Pod Crikvom 103, Kuterovo, Tel. +385 53 79 92 22, www.baerenfreunde-kuterovo.de.

Da wäre zunächst die pannonische Tiefebene im Norden. Sie gehört topografisch schon zu Ungarn und ist von weitem, flachem Land und kleineren Gebirgen geprägt.
Zweite wichtige Landschaftszone ist das Dinarische Gebirge. Es befindet sich in der Mitte Kroatiens und weist im Gegensatz zur eher lieblichen Tiefebene karge und raue Landschaften auf, aber auch viel Wasser, denn hier scheiden sich Donau und Küste.
Die dritte Landschaftsform ist das Küstengebiet der Adria mit seinen vielen Inseln und Wäldern.

Buntes Leben im Meer

Größtes Biotop des Landes ist sicherlich die Adria selbst. Dort lassen sich viele Arten von Fischen, Schnecken und Schalentieren finden. Taucher und Schnorchler wissen es längst: In Kroatien lohnt es sich, die Unterwasserwelt genauer unter die Lupe zu nehmen. Das gesamte Meeresgebiet des Landes steht unter Schutz – aus gutem Grund. Dort tummeln sich nicht nur Zackenbarsche, Brassen und Mönchsfische, sondern auch Meeresschildkröten. Gruselgeschichten werden über Muränen, Stachelrochen und Drachenköpfe erzählt, die im Meer vorkommen. Für Kinder sind sie keine Gefahr, da man schon sehr tief tauchen muss, um die Tiere zu sehen. Aber nicht nur an der Küste sind tierische Begegnungen mit seltenen Arten möglich, auch in den Höhlen, dort lebt etwa der Grottenolm.

Delfine und Bären

Zwischen den Inseln Cres und Krk sind zudem viele Delfine beheimatet. Wer mit dem Schiff fährt, hat gute Chancen, dass die Tiere das Boot ein Stück des Weges begleiten (s. S. 98). Und wer großes Glück hat, kann auf dem offenen Meer sogar auf Wale treffen: Finnwal und Buckelwal sind dort schon gesichtet worden. Große Flächen Kroatiens sind mit Wäldern bedeckt, vor allem auch der Velebit als trennendes Gebirge zwischen Adria und Landesinnerem. Sie bieten ideale Bedingungen für große Säugetiere wie etwa Braunbären, aber auch Wölfe und Luchse.

Unter Geiern

Gänsegeier (s. Kasten S. 45), Steinadler und Schlangenadler sorgen hoch in der Luft für Aufsehen, wenn sie wie ein schwarzer Schatten durch den Himmel gleiten. Kroatien ist ein Paradies für Vogelliebhaber, mehr als 350 Arten sind gesichtet worden.

Delfine zeigen sich häufig an der Adria

Fast ausgestorben: Die Mittelmeer-Mönchsrobbe

Es ist wohl eines der seltensten Säugetiere Mitteleuropas: Die Mittelmeer-Mönchsrobbe galt bei Biologen lange als ausgestorben. Umso größer war das Erstaunen, als sie wieder vor der Küste Kroatiens gesichtet wurde. In der Nähe von Pula befinden sich kleine Bestände dieser Art, von der es weltweit nur noch etwa 500 Exemplare gibt. Charakteristisches Merkmal ist die doppelte Schwanzflosse. Die Tiere halten sich gern in geschützten Buchten oder bei Höhlen auf.

Flussmündungen, Gebirgszüge oder einsame Inseln – die Landschaft ist ideal für viele Arten, so auch für den Sichler, die Wasseramsel, das Wasserhuhn und den Kormoran.
Für Eltern nicht uninteressant: Es gibt auch giftige Tiere in Kroatien. Dazu gehören Schlangen wie Horn- und Kreuzotter oder Spinnen wie die Schwarze Witwe. Unbeliebt bei den Feriengästen sind auch Skorpione, die sich wie Spinnen gern in der Nähe von Steinen und Mauern aufhalten.

Bunte Pflanzenwelt
Nicht nur die Fauna, auch die Flora Kroatiens hat etwas zu bieten. Eigentlich blüht das ganze Jahr über immer irgendetwas, selbst zu Silvester. Die Hauptblütezeit beginnt im April und endet im Hochsommer. Sehr weit verbreitet ist die Mittagsblume, die eigentlich ihren Ursprung in Südafrika hat. Mehr als 5.000 Pflanzenarten kommen in Kroatien vor, einige davon auch sehr selten und endemisch. Dazu gehören der Amethyst-Blaustern, der Dalmatiner Krokus oder die Liburnische Ragwurz. Insgesamt sorgen vor allem Zwiebelgewächse im Frühjahr mit ihrer Blütenpracht für bunte Kissen in Wäldern und auf Freiflächen. Krokusse, Hyazinthen, Schachblumen, Immortellen und Schwertlilien verzaubern dann die Besucher.
Kroatien ist aber auch das Land der Olivenbäume, viele davon wachsen wild auf Wiesen und an Hängen. Und auch in Kroatien gilt der Ausspruch, dass gegen jedes Leiden ein Kraut gewachsen ist. Die Kroaten haben ganz eigene Heilkräuter, etwa Pelin, aus dem der Kräuterschnaps Pelinkovac gebrannt wird.
Das Pflänzchen Buhac ist hingegen ein natürliches Insektizit. Seine Entdeckung wurde sogar mit dem Chemie-Nobelpreis gewürdigt.

Die beeindruckenden Gänsegeier

Geschichte

Kroatiens Geschichte ist bis in die Gegenwart geprägt von Trennungen und Bündnissen, von Fremdherrschaften und Einflüssen anderer Völker. Viele Kriege hat das Land gesehen, sie haben Familien zerrüttet und Feindschaften aufgrund von Ethnie und Religion entfacht.
An der dalmatinischen Küste entstanden schon im 12. Jahrhundert v. Chr. erste Siedlungen, das Land lag auf der Handelsroute der Griechen in den Norden und bot gute natürliche Häfen. Später, in den Anfängen der christlichen Zeitrechnung, wurde die Provinz von Kaiser Augustus unterworfen (34. v. Chr.) und gehörte fast 500 Jahre zum Oströmischen Reich.

Von der Einheit in die Trennung
Das slawische Volk, das sich zu jener Zeit in dem dünn besiedelten Land ausbreitete, war in Familienverbänden organisiert und konzentrierte sich auf Fischfang, Landwirtschaft, Jagd und Viehzucht. Das Bewusstsein von Stämmen gab es noch gar nicht.
Erst im Laufe der Zeit entwickelten die Menschen ein Denken, dass sie sich unterscheiden, dass sie verschiedenen Schichten und verschiedenen Stämmen angehören – eine Trennung, die später in Kämpfen aufflammte.
Die Kroaten als Volksstamm sind jedoch eher dem 7. Jahrhundert zuzuschreiben, sie stammen aus der Ukraine und sind mit den Völkerwanderungen an die Adria gelangt.
Fast 500 Jahre währte die Herrschaft der Römer und beeinflusste die Kultur des Landes maßgeblich. Formell reichte diese Herrschaft sogar bis in die Anfänge des Mittelalters: Erst Karl der Große verzichtete 812 auf Kroatien. Während sich im Hinterland, das von der Adria durch Berge abgetrennt war, eine eigene Identität ausbreitete, hatten die reichen Venezianer die Küstenstädte voll im Griff und kontrollierten von Pula oder Dubrovnik aus ihre Handelsbeziehungen. Bis heute sind in Dalmatien und Teilen Istriens die Spuren der Venezianer deutlich sichtbar.

Geeint unter ungarischer Krone
Das erste eigenständige Königreich entstand im Jahr 925. Es vereinte die meisten Teile des heutigen Kroatien unter sich. König Tomislav war Gründer und erster Herrscher, gekrönt vom Orden der römisch-katholischen Kirche. Die Anerkennung des Papstes adelte das kleine Land und stärkte es in seinen Selbstständigkeitsbestrebungen. Allerdings war schon damals klar: Nichts würde ohne starke Partner gehen, dafür war Kroatien einfach zu klein und zu dünn besiedelt. Im Jahr 1102 ging das Land eine Verbindung mit Ungarn ein. Der ungarische König Koloman wurde in Personalunion erster ungarischer König Kroatiens. Die ungarische Hoheit reichte bis ins Jahr 1918 hinein, mit Unterbrechungen durch die Türken und Habsburger.
Kroatiens Geschichte ist untrennbar mit der Geschichte des Osmanischen Reiches verbunden, denn immer wieder waren Kroaten (wie auch die Ungarn) den Angriffen der Türken ausgesetzt. Es kam zu Kämpfen zwischen Christen und Moslems, ein tiefer Glaubensgraben durchzog

Beeindruckendes Monument der Römer: die Arena in Pula

für sich. Ein Konflikt, der auch nach der Annexion Bosnien-Herzegowinas anhielt. 1918 mit dem Ende des Ersten Weltkriegs löste sich Kroatien von der österreich-ungarischen Herrschaft und wurde ein eigener Staat. Damit aber fingen die Probleme erst an, denn nun waren die Serben in

das Land. Die Christen wurden in Kroatien orthodoxer als in anderen Ländern, um ihre Identität gegen die Osmanen zu verteidigen.
Die Kroaten sehnten sich nach einem geeinten Land jenseits der Besetzung von Venezianern und Osmanen, wehrten sich zugleich aber gegen die Vereinnahmung durch Ungarn – sie fürchteten, in dem großen Staat ihre Identität zu verlieren. Erst Napoleon konnte es zu einem großen Reich zusammenfassen, diese Einigung währte aber nur 4 Jahre bis 1813, dann zerfiel Kroatien in zwei Teile, einer ging an Österreich (Istrien und Dalmatien) und einer an Ungarn.

Suche nach eigener Identität
Die Kroaten gingen weiterhin den Bestrebungen nach einer eigenen Identität nach und schafften es so, 1830 Kroatisch als Landessprache offiziell anerkannt zu verankern. Im in einen ungarischen und kroatischen Teil geteilten Land schien eine Volksgruppe vergessen worden zu sein: die Serben. Sie beanspruchten Dalmatien

der Übermacht der Regierung und die Kroaten erkannten es nicht an. Es kam zu Tumulten und König Aleksandar errichtete 1929 eine Diktatur. Bevor sich das Land einen konnte, brach der Zweite Weltkrieg aus und das Land wurde von deutschen Truppen überfallartig eingenommen.
Nach Kriegsende bildete sich dort die Sozialistische Föderative Volksrepublik Jugoslawien, die von Josip Broz Tito regiert wurde. Es folgte eine kurze Zeit der Ruhe im Land bis zu Titos Tod 1980. Die Spannungen über die von Serben dominierte Regierung flammten wieder auf und gipfelten in einer Unabhängigkeitserklärung Kroatiens im Sommer 1991. Truppen versuchten, dieses zu verhindern, es kam zu Kämpfen der verschiedenen Volksgruppen, die im Jugoslawienkrieg gipfelten. Volksgruppen wurden zwangsumgesiedelt oder ermordet. Im November 1995 endete der Krieg, Kroatien wurde als eigenständiges Land anerkannt, ebenso wie später Serbien sowie Bosnien und Herzegowina. Seit 2013 ist Kroatien Mitglied der EU.

Kroatien ist das ideale Land für Kanutouren

Sport

Mit dem Kanu paddeln, Felswände hochklettern, windsurfen oder das Tauchen ausprobieren: Kroatien ist ein Paradies für sportliche Familien. Wohl auch deswegen, weil es so vielseitig ist – nicht nur Erwachsene, auch Kinder haben ihren Spaß.

Angeln
Angeln ist der klassische Vater-Sohn-Ausflug. Es ist auch in Kroatien möglich, allerdings nur mit Angelschein erlaubt. Wer es einfach mal ausprobieren möchte, besorgt sich eine Erlaubnis im örtlichen Hafenbüro oder beim Tourismusamt.

Klettern
Der Nationalpark Paklenica (s. S. 99) zählt zu den beliebtesten Klettergebieten des Landes. In dem Gebiet bei Zadar lassen sich auch geführte Touren mit Kindern buchen, Informationen dazu erteilen die Tourismusämter.

Radfahren
Radfahren in Kroatien kann eine ganz schöne Herausforderung sein. Das Land weist zwar keine großen Höhen auf, dafür reihen sich auf vielen Strecken kleine Hügel aneinander – und das kann arg in die Beine gehen. Mit Kindern bieten sich vor allem Touren am Meer an, weil es dort naturgemäß flacher ist als im Landesinneren. Die Radwege sind aber nicht immer das, was Nordeuropäer unter Radwegen verstehen, sondern sie sind oftmals nur wenig befahrene Nebenstrecken. Mit Kindern kann das auch gefährlich werden, deswegen sollten sich Eltern vor einer Tour immer genau über deren Verlauf informieren. Istrien ist eher als Radfahrerreiseziel ausgebaut als Dalmatien oder die Bergregionen, in denen es mitunter ziemlich steil zugehen kann.

Surfen und Segeln
Für Kitesurfer ist Nin eines der wichtigsten Zentren in Kroatien, hier stimmen die Bedingungen für das schnelle Hobby. Aber das werden wohl nur wenige Kinder ausprobieren, eher schon das Windsurfen. Viele Campingplätze oder Sportveranstalter vor Ort bieten Schnupperkurse für Kinder auf dem Surfbrett – ebenso Segelkurse mit kleinen Optis.

Tauchen

Mit seinen fast 200 Tauchzentren an der Küste bietet Kroatien vor allem Familien ideale Startbedingungen. Kinder können oft an Schnupperkursen teilnehmen. Das gilt aber nur für Kinder ab frühestens 8 Jahren, vorher sollten sie lieber schnorcheln. Eltern und Fortgeschrittene aber können fast an jedem Ort einen Tauchgang buchen. Beliebte Reviere sind der Nationalpark Kornaten sowie die Blaue Grotte (s. S. 51). Es gibt Schiffswracks oder versunkene Flugzeuge ebenso zu entdecken wie Korallen und farbenfrohe Riffe. Immerhin liegt Kroatien am alten Handelsweg zwischen Rom und Griechenland.

Das Glück der Erde

Reiten lernen muss nicht heißen, im Kreis oder auf einer Sandbahn zu reiten. Der Reitlehrer Predrag Rubčić möchte seinen kleinen Schülern zeigen, wie wunderbar es sich anfühlt, über Feld und Wiese zu reiten. Deswegen zeigt er die ersten Schritte auf einem schattigen Waldpfad, später sogar Galopp auf der Wiese. Wer schon etwas mehr kann, darf in kleinen Gruppen ausreiten. Das Beste: Die Reitpferde laufen den ganzen Tag frei auf den Wiesen herum.
RANCH PREDRAG RUBCIC, *Novljansko polje bb, 51250 Novi Vinodolski, www.rekreativnojahanje.blogspot.de. 1 Stunde kostet etwa 100 HRK.*

Wandern

In den vergangenen Jahren hat Kroatien viel in den Trendsport Wandern investiert und sein Wegenetz ausgebaut. Die Wanderwege sind meistens gut gekennzeichnet, und einige Etappen bieten sich sogar mit Kindern an. Kartenmaterial und Informationen gibt es bei den örtlichen Tourismusämtern. Beliebt ist der Nationalpark Plitvicer Seen (s. S. 57), aber auch die Nationalparks Paklenica (s. S. 99) und Biokovo sind empfehlenswert. Letztendlich hängt die Entscheidung auch immer vom gewählten Urlaubsziel ab – und wie weit man als Familie bereit ist, für eine schöne Wanderung zu fahren. Generell gilt, was auf allen Wanderwegen Regel ist: Auf den Wegen bleiben (auch wegen der Landminengefahr in manchen Gebieten), genug zu trinken einpacken, gutes Schuhwerk und Socken bereithalten und die Kinder nicht überschätzen.

Wintersport

Skilaufen in Kroatien? Das Land an der Adria verbindet man landläufig eher mit Wassersportarten, als mit Wintersport. Das aber ist falsch. Zwar lassen sich die Abfahrten und Loipen nicht mit denen in Österreich oder der Schweiz vergleichen, aber es gibt sie. Bekanntestes Skigebiet ist Sljeme, wohl auch deshalb, weil es nah der Hauptstadt Zagreb liegt. Benannt ist es nach dem gleichnamigen Gipfel, der 1.033 Meter misst und sich mitten im Naturpark Medvednica befindet. 4 Kilometer Piste locken Anfänger wie Fortgeschrittene. Weitere Wintersportzentren gibt es in Bjelolasica und vom Skigebiet Platak reicht der Blick manchmal sogar bis an die Adria.

Index

Impressum

VERLAG: COMPANIONS GmbH, Hopfensack 19, 20457 Hamburg, Tel. 040-30 60 46 00, E-Mail: info@companions.de, Internet: www.companions.de

AUTORIN: Andrea Lammert
LEKTORAT: Cornelia Prott, David Siems
SCHLUSSKORREKTUR: SchlussBlick
GESTALTUNGSKONZEPT: Finny Nguyen
LAYOUT: Cornelia Prott
DRUCK UND BINDUNG: DZA Druckerei zu Altenburg GmbH

ISBN: 978-3-89740-741-1

BILDNACHWEISE:

Titelfoto: Stocksy/Jose Coello
Dimitry Anikin S. 2, Fotolia (nadezhda1906 S. 3, 8, Natalia Deriabina S. 5, 12, valiza14 S. 9, antic S. 10, lexlero S. 13, nevenm S. 14, nadisja S. 15, Comugnero Silvana S. 16, gorov S. 17, Herbert_Me S. 19, zlikovec S. 21, Sven Brenner S. 23, Olga Sapegina S. 24, BionicGirl S. 25, st1909 S. 26, xbrchx S. 27, 37, 71, 74, asiastock S. 28, shock S. 29, motorolka S. 30, rob_st S. 32, Rick Lohre S. 33, Romas Vysniauskas S. 34, Csák István S. 35, traveller70 S. 36, mmphoto S. 38, Valery Shanin S. 40, kasto S. 41, Irina84 S. 42, travelpeter S. 43, 50, Krzysztof Remlinger. S. 44, Ralph S. 46, Soloviova Liudmyla S. 47, ilijaa S. 48, fottoo S. 54, StockPixstore S. 57, Dominik Lange S. 58, a_mikhail S. 60, babetka S. 62, Ivan Pikunic S. 63, manphibian S. 64, erzy Opoka S. 66, Paul Prescott S. 67, Denis Rozhnovsky S. 68, pershing S. 70, dreamer4787 S. 72, Hans Peter Denecke S. 75, Andras Csontos S. 76, FomaA S. 79, Sergii Figurnyi S. 80, mnf74 S. 81, R.Babakin S. 82, Pixel62 S. 83, gudrinS. 84, Robert Hoetink S. 89, darioracane S. 92, ilijaa S. 95, jansinasimone S. 98, Benedikt S. 99, zm_photo S. 100, Natalia Bratslavsky S. 102, Ocskay Mark S. 105, Bumble Dee S. 107, katarinagondova S. 110, konik60 S. 114, Vlada Zjpg S. 115, zatletic S. 119, tomaspic S. 120, kirchbach.st S. 121, kityyaya S. 123, lazyllama S. 124), Privat S. 4, Klemen Lorber S. 7, Kroatische Zentrale für Tourismus (Ivo Biocina S. 18, 20, 52, Bojan Haron Markicevic S. 22, 53), Aquapark Istralandia S. 85, 86, 87, Stefan Melichar S. 88, Aquarium Pula 91, Sternwarte Višnjan S. 93, Glavani S. 94, www.bodul.com S. 96, Visit Rab/Peter Lupic S. 101, Cadmosvillage S. 113, Archaeological Museum of Istria/Tanja Draskic Savic S. 116, Visit Rab S. 117, Sinjska Alka S. 118, Groznjan Angelika S. 128